はじめに

いまは非マルクス主義者から「資本主義の限界」、「資本主義の歴史的終焉」が唱えられる時代である。しかしポスト資本主義社会とはなにかについては「先は見えない」、「描けない」というのが大勢である。多くのマルクス主義者でさえもソ連崩壊後、未来社会を描くことはできないといい、資本主義を暴露することに終始している。

今年生誕二〇〇年を迎えたマルクスならこういう状況をどうみるであろうか。本書は「二〇世紀社会主義」のフィルターをとおったマルクスの未来社会論（社会主義・共産主義の社会論）を再検討すべきところは検討しながら新しい目でみてみようとするものである。それが未来社会論についてなにかの参考になれば幸いである。

ところですぐその問題を論じ始めるのではなく、もう少し私がなにを考えているのかを述べさせていただきたい。それは今日における日本の思想状況と関連している。

いま若い世代は革新的思想をもっていないといわれる。それはそのとおりで、未来に夢をもっていなければ社会を変えてみようとは考えないからである。それでは夢をもつためにはなにをすればいいのであろうか。

昨年の暮頃だったかテレビで国際問題・時事問題などの解説者・論評家としてすっかり定着している池上彰氏の番組を見ていたところ、ホールから若い女性の声で世界情勢を理解するためにはどういう勉強をすればいいのかという質問がでた。氏は「古典をよく読みなさい」と答えていた。まったく同感である。私も若いときにマルクスは読んだが、他の古典はあまり読んでおらず、後に読んでおけばよかったと思うことがしばしばあった。古典というのは哲学であれ経済学であれ、その正否は別にして人間がおよそ考えうるすべてのことが考えられて詰め込まれており、物事を深く理解する道筋を教えてくれる。

そこで日本の若い世代はいまどのような古典を読んでいるのかに関心をもち、本屋で『高校生のための哲学・思想入門』（筑摩書房、２０１４年）という本をみつけて読んでみた。冒頭に「現代は相対主義の時代である」と書かれていた。そしてそれは「哲学にとって不幸な時代だ」と続けられる。要するにいまは哲学のない時代であるとしつつ、プラトンからマルクスも含めポスト構造主義にいたるまでの名だたる哲学者の思想を要領よく纏め、若いときから哲学・思想をよく勉強するよう薦めたものであった。

「相対主義」とはいうまでもなく、あらゆるものは条件つきであり真理というようなものはないとするものである。したがって徹底的に物事を見極めようとしたり、真理を探究してみようとはしない。しかしこれはひとり高校生だけの問題ではない。日本社会全体に相当広がっている思想状況ではなかろうか。


社会思想家である小熊英二氏の『社会を変えるには』(講談社現代新書、2012年)も読んでみた。氏は原発反対で国会デモにも参加し活発に活動している。そのためいわゆる革新系の「活動家」も含めてこの本は広く読まれている。氏は反原発運動で「産業文明をやめないとだめだ」といった訴えかたは逆効果で、「原発がなくても意外と困らない」という認識が広まるほうが着実に運動の成果があがると述べている。沖縄の基地問題でも「戦争につながる基地反対」というよりも、「ジュゴンの生息が危うくなる」と訴えたほうが運動が発展するという。

ここでこの正否を問うつもりはない。氏が、問題をどうわかりやすい言葉で表現すればより多くの人々がデモという運動形態に参加できるかに腐心していることは、正確にみているつもりである。しかし氏が説く哲学思想には検討しておきたい問題を感ずる。

「けんかというのは、どちらが悪いということは言えません。関係が悪いのです。悪い関係の両端に、『私』にとっては『悪いあなた』が構成され、相手にとっては『悪い私』が構成されているわけです」

要するにどちらが「正しい」ということはありえないというわけである。かつては物事は「弁証法的に発展し、真理に近づいていくのだ、という考え方」が「多くの人々を魅了した」時期があったが、それだとどうしても「活動家や党中央のほうが真理に近い……という権威主義に結びつきやすく」、それにもとづきやってみたら失敗し、大衆の「批判にさらされてしまった」ことがあった。「究極の真理を一方だけが知っている、ということは弁証法的にはありえません」という主張である。

「党中央」とはどの党のことか分からないが、「一方だけ」という言い方が人間を指すとすれば、私も誰か個人が真理を握っているとか、真理の解釈権をもっているといったことにはもちろん反対である。しかし、人間それぞれが真理の解釈権を持っているとすれば客観的（自然と社会）に真理は複数あるということになる。これがまさに相対主義である。いまこの考えは日本で世代を超えて非常に広まっている。世論調査をみても「どちらともいえない」がほとんどいつでも三〇％近くある。したがって相対主義のほうが幅広く世論を結集できると考えてみることはできるが、それは政治戦術・宣伝の問題である。事が緊迫してくると賛否が明確になる。ということはやはり相対主義では社会は変えられないということである。

弁証法というものもやはり真理を探究する確かな方法論だと思う。そのことをイチローが見事に言い当てている。二〇一六年六月一五日に日米通算四二五七安打を放ち、ピート・ローズの記録を破ったとき次のようにいっている。

「打撃に関して、これという最終の形はない。これでよし、という形は絶対にない。でも今の自分の形が最高だ、という形を常につくっている。この矛盾した考え方が共存していることが、僕の大きな助けになっている」（「朝日新聞」同日夕刊）

イチローはヘーゲルのようだと思った。ヘーゲル弁証法は物事を「矛盾の統一」と捉え、そこで起こる相克によって新しいものが生まれることを説くものである。絶対的真理ではなく相対的真理をまず掴み、それをとおして絶対的真理に近づいていこうという論理思考である。

いろいろ述べたが私が考えていることは、すべての人々が『高校生のための……』がいう今日の「相対主義の時代」に埋没してしまえば、なにごとも真剣には考えないし、ましてや「資本主義の歴史的終焉」といってもその先は不確定要素が多すぎ、マルクス主義者でさえ結局はなにも「見えない」ということになる、そしてそれでは困るということである。

もう一つ考えていることがある。それは資本主義後の社会の姿を探究している側の問題についてである。

「二〇世紀社会主義」が失敗した後、マルクスに戻ればすべてが「見えてくる」としてマルクスに戻ろうという試みがなされている。また『資本論』が定年退職者によく読まれている。現役時代は仕事が忙しくてとても読めなかったが、時間の余裕ができたいま『資本論』を読み、「心の豊かさ」を得たいという人がいる。きわめて貴重なことである。

しかし注意しなければならないことがある。レーニンは、マルクスを「粉砕」するために「抑圧階級」は二つの方法を使う、マルクスの存命中は嘘と中傷で固めた最も残酷なやりかたで徹底的に攻撃する、死後はマルクスを「害のない聖像にかえ、いわば聖列にくわえる」といっている(『国家と革命』)。マルクスに戻るといってもわれわれも「聖像」にしてはならないと思う。

ある研究集会で自分はいまの資本主義で十分満足している、ただマルクスの理論に従えば資本主義を乗り越える社会主義・共産主義の社会があるのでそれを標榜しているだけだという発言を聞いた。本文で述べるがマルクスの純粋理論に従えば、未来社会は遠い先の先の話である。この発言は「抑圧階級」にはまったく「害のない」話であり、マルクスを「聖像」にかえるものである。

またいま、マルクスに戻れば未来社会とは「アソシエーション」であるという主張がある。確かに『共産党宣言』だけをみても、資本主義を克服した後には、「個人の自由な発展が万人の自由な発展になるような連合体（アソシエーション）が現われる」と書かれている。これさえ分ればそれでよいとする。なぜならマルクスはその具体的な「青写真」を書くことに禁欲的であったからだとする。これではほとんどなにもいっていないに等しい。今日の時代において「ポスト資本主義社会」をつくるのはマルクスではなく、われわれである。こうした議論もマルクスを「聖列にくわえる」ものである。

逆に「聖像」を破壊する流れもある。資本家への累進課税を強化するとか、資本家が社会的責任を果たすよう圧力を加えていけば、資本は社会主義の担い手に変容し資本主義は死に向かわざるをえず、社会主義が生成していくという主張がある。ソ連が崩壊したら資本主義は急にこのように〝柔〟になったのだろうか。これは「聖像」破壊の理論であり、マルクスの巨著『資本論』の静かな否定である。

また、マルクスが「現実の運動の一歩一歩は、一ダースの綱領より重要である」といったことを引き合いにして社会主義・共産主義の社会のことなど論ずる必要はないという議論がある。現実的にはこれが一番広がっている考えであろう。しかしこの議論は、マルクスがすぐ続けてこれは「ただ共同の敵にたいする行動の協定だけを結ぶ」ときのことであり、「原則的綱領」を「全世界の前に……打ちたて」なければならないと述べていることを、都合よく切り捨ててしまったものである（「ヴィルヘルム・ブラッケへの手紙」）。

このように未来社会論は混迷している。できうるかぎり一致点を求めて共同で問題を探究したいと思う。これがもう一つ考えていることである。

「はじめに」が長くなったが本書は以上のような考えにもとづき、まず最初にマルクスの未来社会論の原点を探る。次にその過程でマルクスが「妥協なき真理の探究」のためにはたして政治的・運動論的に適切な態度がとれたのかどうかをみてみる。それはプルードンとの論争のことであるが、これは今日の日本の思想状況とよく似ているので、今日的問題として取り上げる。そのあとで遅れたロシアで十月革命がなぜ成功したのかを、史的唯物論とマルクスとレーニンの関係として検討する。その中心は変革の主体はどのようにして形成されるのかという点にある。さらに「二〇世紀社会主義」の失敗を踏まえたうえで、新しい角度からマルクス未来社会論を論ずる。アプリオリに「終末期」にきている資本主義のあとは社会主義・共産主義だと断ずるのではなく、われわれはなにを望むのか、なにを要求するのか、なんのために新しい社会体制が必要なのかを明らかにする。マルクスが共産主義社会を構想したのも、われわれ人間はなにを求めるのかという点にあった。『資本論』を書いてでてきたものではない。また私自身がもつ「社会主義への疑問」を率直に述べ、その展望を解明する。

主としてこれが本書の大筋であるが、途中でイデオロギー問題や、今日的にみたベルンシュタイン問題等も論じる。またレーニンはマルクスに忠実であったが、同時にヘーゲルをよく研究したので、それがあって十月革命が成功したともいえる。そのことを本文中に入れると本のバランスがとれなくなるので、補論「マルクス、レーニンとヘーゲル弁証法」として末尾に置くことにした。

未来社会という用語は、「社会主義」が日本の一般世論では死語になったので（西ヨーロッパやアメリカでは生きている）よく使われるようになったものである。実際の内容は社会主義・共産主義の社会のことである。本書では文脈に応じていろいろ使い分けている。また「二〇世紀社会主義」というのはソ連のことだけではなくユーゴスラビア、ハンガリーのことも扱うので、その総称として適当な言葉がみつからないためこういう用語を使うことにした。

本書の構想は以前からもっていたが、書きだしたのは昨年からである。構想段階から「かもがわ出版」編集長の松竹伸幸氏から貴重なアドバイスをもらい、今日の出版にいたった。記して心からお礼を申しあげたい。

二〇一八年八月

もくじ●２００歳のマルクスならどう新しく共産主義を論じるか

はじめに　1

第一章　マルクス「未来社会論」の原点を探る……15
——人間論から出発したマルクス

第二章　人間論から階級闘争論へ……31
——『貧困の哲学』か『哲学の貧困』か

第三章　共産主義とは「体制」ではなく「運動」のことか……55
——『ドイツ・イデオロギー』と未来社会

第四章　ロシア革命とマルクス、エンゲルス、レーニン……81
——史的唯物論はどこまで適用できるのか

第五章　マルクスの未来社会論とその多義性……105
――『内乱』と『ゴータ綱領批判』ついての様々な見解
第六章　資本主義の現状と「しのび寄る」未来社会……127
――資本主義の「文明化作用」とその反逆
第七章　「社会主義への疑問」と展望――所有形態をめぐって……145
――ソ連崩壊前のマルクスと崩壊後のマルクス
第八章　「社会主義への疑問」と計画経済の展望……169
――官僚制にならないための新しい生産の組織
第九章　「自由で全面的に発達した人間」……193
――「市民社会」としての未来社会像

おわりに　205
補論　マルクス、レーニンとヘーゲル弁証法　206

第一章

マルクス「未来社会論」の原点を探る

人間論から出発したマルクス

広松渉氏の社会主義論

日本のマルクス研究の権威の一人として一つの流派をつくった広松渉氏が、マルクスと社会主義・共産主義について次のように述べている。それが正しいかどうかから、マルクス未来社会論の原点探究を始めよう。マルクスの若い時代から、資本主義にたいする対抗思想は社会主義あるいは共産主義であった。

「私どもは社会主義という言葉と共産主義という言葉をごっちゃに使う傾向がありますが、マルクスは自分の立場として共産主義という言葉しか使いません。マルクスも、社会主義という言葉を批判の対象として使うことはもちろんあります。唯一ポジティヴに言っているのが『経哲手稿』(『経済学・哲学手稿』のこと――引用者)のなかで、社会主義としての社会主義という議論の出てくる箇所です。概念規定は全然ないんですけれど、ともかく、『経哲手稿』には、社会主義という言葉がポジティヴな意味で使われている、私の知るかぎり唯一の例であります」

「社会主義社会という段階があって、その次に共産主義社会という段階が来るんだという式の議論はロシア革命のあとに定着したものだということに注意を促し」たいと思います。これを「定着させたのはレーニンであり」、「(社会主義という)第一段階にあたるようなも

のは、マルクスは若い時には考えておりませんでした」（『マルクスと歴史の現実』平凡社
1990年）

これが本当かどうかということである。まずは端的に『経哲手稿』からマルクスの言葉を引用してみよう。正式題名『経済学・哲学手稿』は一八四四年、すなわちマルクスが二六歳のときに書いたものである。これはもっぱら哲学的に読まれ社会主義・共産主義論としては読まれていない。新しくここにも光をあてる必要があると思う。

「共産主義は次の未来の必然的形態と力動的原理であるが、しかし共産主義はそれ自体が人間的発展の目標――人間的社会の形態――なのではない」（全集第40巻467ページ、以下ページ数のみを記載）

共産主義は次の未来社会の形態ではあるが、人間の目標としての「人間的社会」ではないといっている。それではなにが「人間の目標」を実現する社会なのであろうか。それが「社会工義としての社会主義」（同右）であるといっている。

共産主義も未来社会の形態ではあるが、その上に社会主義という未来社会があるといってる。明らかに二段階として未来社会を展望しており、広松氏のいっていることとは違う。いま引用した広松氏の本は、ソ連崩壊の約一年半前に発表されている。ソ連崩壊後はさまざまな説が現われ

ている。社会主義という「社会」はない、あるのは共産主義すなわち「自由の王国」だけであるという説とか、社会主義とは「自由の王国」へいたる「過渡期」にすぎないという説とか、社会主義とは「理論」と「運動」があるだけで「体制」ではないという説等々さまざまである。したがって問題は広松氏の議論にとどまるものではない。そこで今日的問題として本格的にマルクスの思想の原点を検討してみよう。

若いときにもあったマルクスの二段階論

マルクスが「社会主義」、「共産主義」という用語を使って本格的に未来社会を論じたのが、この『経哲手稿』である。そこに流れる根本思想は「いまの人間が本来の人間」になるためにはどうすべきかということであった。『経哲手稿』は極めて難解であるが、マルクスは未来社会を二段階にわけ、まず「共産主義」について次のように論じている。

「共産主義」とは「何かよそものの存在者、何か自然と人間を越える存在者への問い」かけのうちに成立するものであるという（同右）。

この意味を噛み砕いていおう。例えばヘーゲルは自然と人間を結びつけるものとして「絶対的な知」（宗教・神の精神）の存在を説いた。フォイエルバッハはそれを否定する無神論を唱え、宗教を捨て「性愛」を人間の至高のものとするとき本来の人間が取り戻せると説いた。封建制の余韻を経済的にも政治的、道徳的にも多く残した当時のドイツで、個人の「性愛」を至高のもとしてあからさまに提起したことは、ヘーゲルの弁証法とともにどれほど強い影響力を思想界にもたらしたかは想像に難くない。

しかしマルクスは「社会主義としての社会主義はそのような媒介をもはや必要としない」（同右）ものであると主張する。「社会主義的人間」は「もはや宗教の廃棄を介することのない自己意識」をもったものであり、「彼自身による彼の出生」（同右）すなわち自分自身の土台のうえに生まれるとしている。

マルクスは、以上のことは意識・精神世界のことであるが、「現実生活」についても同様なことがいえるとする。「社会主義としての社会主義」は「もはや私的所有の廃止、共産主義を介することのない現実性である」（同右）と述べている。マルクスは『経哲手稿』のいたるところで「私的所有のポジティヴな廃棄……としての共産主義」（例えば457ページ）と述べ、私的所有を廃絶することが共産主義であるといっている。社会主義はその私的所有の廃絶を媒介する必要のない、それ自身の土台の上に成立する「人間的社会の形態」なのである。

このように若きマルクスは未来社会を二段階にわけ、しかも社会主義をはっきりした「概念規定」をもって、共産主義より高い段階にある「人間的社会の形態」としている。初期マルクスをこのように正確に読むこと自体、マルクス未来社会論の新しい論じ方である。

未来社会論に欠かせない人間論

それではなぜ「人間的社会の形態」（社会主義）を実現するために二段階を経なければならないのであろうか。そこにマルクスの人間論がある。どのような社会科学の学説でも、真面目なものである限りは「人間の本質とは何か」という問いが根底にある。

『経哲手稿』が書かれた時期は、マルクスが経済学を本格的に研究しはじめたときである。そのためマルクスは、アダム・スミスやリカードその他の人々の「国民経済学」から労働と労働者の状態を詳しく学んでいる。『経哲手稿』の初めは彼らの引用で埋まっているといっていいほどである。そこを面倒だとして飛ばして読むと、そのあとから始まるマルクスの議論を掴むことはできない。マルクス自身が自分は「国民経済学」の「諸用語や諸法則」から出発すると述べている（430ページ）。

その上で「私的所有のもとでの人間労働」がいかなるものかに哲学的洞察を加えている。マルクスは、私的所有とは「労働の外化」すなわち労働の生産物が自分のものではなくなってしまうことによって形成されたものであるとする。したがって私的所有のもとでの人間労働は他人のための労働であり苦痛に満ちたものであるという。

「人間（労働者）はもはや食ったり飲んだり産んだりする彼の動物的なはたらき、せいぜいのところなお、住まいとか飾りとか等々においてでしか自分が自由に活動しているとは感じなくなり、そして彼の人間的なはたらきにおいてはもはや自分を獣のようにしか感じなくなる。獣的なものは人間的なものとなり、そして人間的なものは獣的なものとなる」（435ページ）

マルクスはこれを「疎外された労働」とか「人間的自己疎外」と呼んだ。この「疎外」から人間（労働者）を解放するためには、まず私的所有を廃止しなければならないと論を進める。しかし私的所有の廃止で本来の人間が生まれるのであろうか。マルクスは否、その先があるとした。なぜなら人間は「類的存在」であるからであるとする。

「類的存在」とはすこぶる難解な概念であるが、人間（人類）は動物と同様に「類」すなわち「なかま」と群れをなして生活する「共同性」を本質としている（この点はマルクスが『経哲手稿』より二、三か月前に書いた「ジェームズ・ミル著『政治経済学要綱』からの抜粋」のほうが直截的に「人間の共同的本質」と述べている）。しかし人間は動物と違い「意識性」を持って労働し生活している。「意識的な生活活動は人間を直接に動物的生活活動から区別する。まさにこのことによってのみ人間は一つの類的存在なのである」（437ページ）。このように人間とは「共同性」と「意識性」を本質とするものである。「類的存在」をこう理解しても、おそらく間違いないであろう。

ところが私的所有の成立によって「共同性」が失われ、人間は「利己心」をもった人間に変わる。「人間は自己目的である」、「自己は抽象的なエゴイストとしての人間」（497ページ）になる。したがって人間が「共同性」と「意識性」を回復することこそが人間の真の解放になる。マルクスの未来社会論の根本思想はここにある。

しかしこれを一挙に成し遂げることはできない。「共同性」を回復するためには私的所有を廃絶しなければならない。これは相手（私的所有者）とのたたかいである。しかしその後は自分自身にたいするたたかいになる。「エゴイスト」である自分から「利己心」を克服し、「類的存在」すなわち「共同社会」の一員としての自覚をもった「意識性」ある人間に変わらなければならない。そのためのもう一つの段階が必要となる。したがってどうしても二段階が必要になる。

マルクスはこの考えを後々までもっており、『ゴータ綱領批判』（1875年）で未来社会に二段階を設定していることは周知のところである。レーニンが設定したという広松氏の主張は間違いである。

共産主義の三つの形態

そこでマルクスは、現実生活の問題として私的所有を廃止する共産主義そのものの問題に進み、共産主義にはこれまで三つの種類があったとしている。

1＝「女性共有」思想を含めた「まだまったく粗野で無考えな共産主義」。これは「動物的な形式」の「共産主義」である（455ページ）。

2のα＝「民主的であれ専制的であれ、まだ政治的な質《たち》の共産主義」（456ページ）。

2のβ＝「国家の廃止をともなうが、しかしそれと同時にまだ未完成で、相変わらずまだ私的所有、換言すれば人間疎外によって冒されているような質《たち》の共産主義」（同右）。

3＝「私的所有のポジティヴな廃棄、したがって人間による、また人間のための人間的本質の現実的獲得としての共産主義」（457ページ）。

誰がこういう「共産主義」思想を主張したかをマルクスは明示的に示していない。しかし第一のものは、フランス大革命当時に活躍したユートピア共産主義者であり、陰謀家といわれたバブーフであることは容易に推測できる。

第二のαは、マルクスと同時代のフランスのユートピア共産主義者で、『イカリア旅行記』

（1840年）を書いたカベーであろう。暴政と流血が続いていたイカリアという島国にイカールという独裁者が現われ、五〇年間を移行期として財産の共有制にもとづく民主共和国をつくり、移行期が終わったときにイカリア国は共産主義国となったという物語である（邦訳がないので和田春樹氏論文より。『いま社会主義を考える』（桜井書店）に収録）。しかしマルクスは、これはまだ「政治的支配」（それが民主的であろうとも）をともなう「政治的質」の社会であり、真の未来社会とはいえないとしている。

第二のβは、おそらくプルードンやバクーニンなど「無政府主義者」と呼ばれた人々ではないかと推測する。彼らは国家を廃止し、協同組合を単位とする「地域共同体」をつくるとか、統治を県や郡など低い単位に置くことを主張していた。マルクスは、この主張は国家の廃止をいっているが、「なおもまだ私的所有にとらわれ、それに染まっている」（457ページ）ものとして批判している。

問題は第三の共産主義である。これはマルクス自身の考えなのではなかろうか。なぜならマルクスはこの共産主義は「人間と人間とのあいだの相剋の真の解消……自由と必然とのあいだの、個と類とのあいだの抗争の真の解消」であると説明しているからである（同右）。このことによって人間が人間を統治する必要のなくなった「人間的社会」が想定されている。それが先述のように「社会主義」であった。それでは「共産主義」と「社会主義」とが接合する。その関係はどうなっているのだろうか。

エンゲルスは、マルクスと会う前の一八四三年に書いた論文「大陸における社会改革の進展」（全集第1巻収録）で、当時ドイツには青年ヘーゲル派がつくった「哲学的共産主義」という潮流があり、このなかに「マルクス博士」もいたと書いている（538ページ）。エンゲルスは、「ドイツ人は哲学的な国民であって、共産主義が健全な哲学的諸原理のうえに基礎づけられるやいなや、それをすてようとしないし、すてることができず、「最後には共産主義にいたらざるをえない」（同右）ことになると述べている。さらに「ドイツで、原理が利害の主張と衝突するようなことになれば、ほとんどつねに、原理が利害を沈黙させる」（539ページ）し、こうした「抽象的原理への愛好」が「哲学的共産主義」を生んだとしている（同右）。そのなかにマルクスがいたとエンゲルスがいっているので、第三の共産主義はマルクスのものでもあることはたしかである。

第三の共産主義は社会主義と接合することになった。しかし未来社会を「政治的質」の社会と「人間疎外」がなくなる社会（人間がその本質をとりもどす社会）とに分けて考え、同じ一つの社会制度のなかに前階と後階とがあると設定したことは間違いない。マルクスがいかに人間を重視して未来社会の原点にしていたかがこの二段階論によってよく分かる。

実践を重視したマルクス

ところでここで当然の疑問として、なぜマルクスは『経哲手稿』では「社会主義」を「共産主義」の上においたのかという問題が起こる。これは実践を重視したからだと考える。第三の共産主義を論じたすぐあとに、「共産主義を現実的に作り出す行為」、「共産主義の経験的現存を生み出す行為」（457ページ）について論じている。

「私的所有の考えを廃棄するには、考えられた共産主義でまったく十分である。現実的に私的所有を廃止するには、現実的な共産主義的行動が必要である」。「この実践的運動のもっとも輝かしい成果は、フランスの社会主義的（この傍点のみ引用者）労働者たちの集まっている情景のうちにまざまざとみることができる」（475ページ）

「考え」と実際の「行動」を区別し、後者を重視していることが分かる。そうするとフランスの「社会主義的労働者」のほうが重要になる。それで「社会主義」を「共産主義」の上においたことが分かる。

この時期にマルクスは自分自身をどう規定していたのか。それはフォイエルバッハに宛てた手紙から分かる。フォイエルバッハの諸著作に「特別の尊敬」の意を表すと述べたあと、次のように述べている。

「あなたは——故意かどうか存じませんが——これらの著作で社会主義に哲学的基盤を与えました。共産主義者はこれらの労作をもすぐこのように理解しました」（1844年8月11日付け手紙。全集第27巻369ページ）

自分は共産主義者だが社会主義にも哲学的基盤を与えてくれたことを喜んでいる。ただマルクスが青年ヘーゲル派と決別し実践活動も始めるようになり、いろいろな国の活動家と関係を結ぶようになると様々な呼び方をしている。

例えばフランスで労働者に強い影響力をもったプルードンを「非共産主義的プルードン」といいつつ、「ユートピア社会主義者」の代表者の一人といわれているオーエンを「イギリス共産主義の代表者」と呼んでいる。また世界最初の労働者階級の運動として組織されたイギリスの「チャーティズム」運動を「共産主義」運動と呼んでいる（『ドイツ・イデオロギー』全集3巻211、212ページ）。広松氏が「ごっちゃ」に使っていたというのは、あとのことであればその通りである。

なぜ『共産党宣言』は『社会主義宣言』ではないのか

しかしマルクスは、『共産党宣言』をだすころになると、実践を重視するかどうかを「社会主義者」と「共産主義者」との区別の明確な基準にしている。『経哲手稿』から四年後の一八四八年にエンゲルスとともに発表した『共産党宣言』が『社会主義宣言』ではなかったことについて、エンゲルスは詳しく述べている。

エンゲルスは、一八四七年に「社会主義者」と名づけられていたのはイギリスの「オーエン派」やフランスの「フーリエ派」であったが、彼らは「宗派《セクト》」となり「死滅しつつあった」といっている。一方「全面的な社会変革の要求を宣言した」人々は「共産主義者」と名乗り、フランスではカベーを、ドイツではヴィルヘルム・ヴァイトリングを生みだしたという。ヴァイトリングとはドイツの仕立屋職人であり、腕を磨くためにパリに行って共産主義者の影響をうけ、「共産主義者同盟」の前身である「正義者同盟」に参加した。こうして社会主義は「サロン」的なもの、「共産主義はまさにその反対のもの」になった。したがってマルクスとの間には「二つの名前のどちらをとるべきかについて、疑問の余地はなかった」ということである(以上、「『共産党宣言』(1888年の英語版)の序文」全集第21巻360~361ページ。後の「ドイツ語版への序文」でも同じことを述べている)。

そのころドイツでは、実践的なヴァイトリングの党に対し、「小市民のイデオローグ」が「形而上学をつうじての社会主義」を説く「真正社会主義」と称する「社会的文筆運動」が存在していた（『ドイツ・イデオロギー』のエンゲルス執筆の第二部参照　全集第3巻493〜496ページ）。そのため一層区別を明確にする必要があったと思う。よく知られているように『共産党宣言』は、ヴァイトリングなどからマルクス、エンゲルスに「共産主義者同盟」の「綱領」を書いて欲しいとの要請があり書いたものである。

以上みてきたことを簡潔に纏めるなら「共産主義」、「社会主義」の用語法の問題は別として、マルクスの未来社会論の原点は「人間論」を中心におきながら次の四点にあったといえる。


1＝未来社会は二段階ある。

2＝第一段階とは私的所有を廃絶する共産主義段階。だがまだ「政治的質」の社会。

3＝第二段階とは国家は廃止され、人間による人間のための「人間的社会」としての社会主義段階。

4＝第一段階実現ためには私的所有者との闘い、第二段階の実現のためには人間が「利己心」を克服する自己改革が必要である。

マルクスが二〇〇歳になって社会主義・共産主義を論じたとしても、これらの点を譲ることはないのではなかろうか。

「二〇世紀社会主義」は私的所有の廃絶を「粗野」な形で実現した。それ自体は人類史の大きな出来事であった。しかし第一段階はそれだけですむものではなかった。実にさまざまなことが起こった。マルクス自身も未来社会論をさらに発展させていった。それは後でみることにし、その過程ですぐに起こったプルードンとの論争をまずみておきたい。これは今日的意味をもっている。

第二章

人間論から階級闘争論へ

『貧困の哲学』か『哲学の貧困』か

一八四六年にプルードンが『貧困の哲学』を書き、一八四七年にマルクスが「返答」として『哲学の貧困』を発表して論争となったことは、双方の題名の妙味もあって多くの人が知っていることである。しかしプルードンは『貧困の哲学』でなにを主張したのであろうか。私がそれを正確に知ったのは一昨年（２０１６年）のことである。驚くなかれ『貧困の哲学』が日本で初めて翻訳出版（平凡社）されたのは実に二〇一四年のことである。フランス語ができ、かつプルードンに関心のあるごく限られた専門家は別として、われわれ一般人は一六八年間、マルクスを通じてしかプルードンを知らなかったわけである。それをもとに圧倒的多数のマルクス主義者が、プルードンは「革命運動」にとって「有害な小ブルジョア思想家」、「無政府主義者」であったというレッテルを貼ってきた。プルードンには失礼な話である。

マルクス、エンゲルスの高い評価

プルードン（１８０９〜１８６５年）は、学者ではなく宗教関係の本を出版する印刷会社の植字工であり、校正もできた。当時、労働者のなかで校正もできる人は最高の知識力をもった労働者であった。彼は一八四〇年に『所有とはなにか』（アナキズム叢書『プルードン』Ⅲ　三一書房）を著し、鋭い直観力をもって「所有とは盗みである」と喝破した。マルクスは『経哲手稿』のなかでも何回かプルードンに言及しているが、『聖家族』のなかでプルードンのこの著作を私有財産に批判的検討をくわえた「最初の決定的な、遠慮のない、それと同時に科学的な」書として高く評価した（全集第2巻29ページ）。マルクスはすでにみたとおり、私有財産を「労働の外化」と捉えていた。プルードンはまさに「遠慮のない」捉えかたをした。エンゲルスは先にあげた論文「大陸における社会改革の進展」で次のように絶賛している。

「これは、共産主義者の側で、フランス語で書かれたもっとも哲学的な著作であり、もし私が、なにかフランスの本が英語に訳されることをのぞむとすれば、それはこの本である。私有財産権と、その制度の帰結たる競争や不道徳や困窮が、知性の力と真の科学的研究とをもってここに展開されており、私はこの両者がかほどに一つの本に統一されているのをこれまでみたことがない」（全集第1巻531ページ）

しかしマルクスはプルードンと決別した。プルードンはマルクスより九歳年上で労働運動でも先輩であるので、マルクスは一八四四年にパリで「共闘」を申し入れ、哲学、経済学について夜を徹して話し合っている。このとき「共闘」の合意が成立しなかったのは、ドイツのある人物の評価を巡って意見が一致しなかったためである。しかし両者の「友情」が完全に絶たれたのは、マルクスがプルードンの新作『貧困の哲学』をあまりにも酷く批判したからである。プルードンはマルクスを批判するために書いたのではなかった。ところがマルクスは、「妥協なき真理の探究」のためか若さの由縁か、感情的ともいえる言葉をしばしば使い徹底的にプルードンを批判した。たしかに『所有とはなにか』と読み比べれば『貧困の哲学』には抽象的概念が多く、「普遍的理性」とか「神」という言葉も飛び出してくるなど理論的にも文章的にも後退し見劣りがする（そのため日本で翻訳出版されなかったのだろうか）。マルクス自身、プルードンが死去したとき、「その（批判の）厳しさがわれわれのあいだの友情を永久に終わらせてしまいました」と述べている（「P・J・プルードンについて　J・B・フォン・シュヴァイツァーへの手紙」全集第16巻25ページ）。

『貧困の哲学』を書く動機

それではプルードンはなぜ『貧困の哲学』を書いたのであろうか。

彼が『貧困の哲学』のなかで述べているところによれば、当時フランスの「道徳・政治科学アカデミー」が「貧困の原因は何か」という問いかけをし論文を募集した。しかし「答えを出せた者はひとりもいなかった」ので、アカデミーはテーマを絞り込み、「貧困を削減」するために「利潤と賃金の関係」をどうすべきかという論文を募集した。「テーマがみごとに時代にマッチしていた」ため四五本の論文が集った。しかし受賞作品はなかった。それは「社会主義と政治経済学のあいだに明確な一線が敷かれ、両者の対立があらわになった」ためであるとされた。しかしプルードンは、「対立」があったにせよ両者ともに「哲学」がないからだと考えた。そのため「政治経済学」は「社会主義者」から「未来には何の希望も残さない」学問と非難されるのだとしている。一方、「社会主義者」も「哲学」がないため、「現在の社会の構造を異常なものと断ずる」が、そうした批判だけで終わっている。あるのは「アソシエーション（アソシエーションの理論）」だけとなり、「所有（私的所有のこと）」にたいして「協同（アソシエーション）の理論によって、社会経済の全面的な改造にのりだす」といっているだけだというのがプルードンの解説である（プロローグおよび第一章より）。ある意味でいまの日本の思想状況とよく似ている。

プルードンはしかし、「協同（アソシエーション）構想」は「ユートピア」であると主張している（理由は後述）。いま必要なのは「哲学」をもった「政治経済学」であり、プルードンはそれを「社会経済学」と呼び、自分はそれを書きたいのだが、まずは「経済学」を書かねばならないとして、アカデミーの最初の提起とも合わせて『貧困の哲学』と名づけて一二〇〇ページ（平凡社ライブラリー、上、下）に及ぶ大著を書いたのであった。

ここでいう「政治経済学者」とはスミス、リカード、セイ、マルサスのことであり、「社会主義者」はサン・シモン、フーリエ、オーエンなどのことである。そのほか雑多な「社会主義者」がでてくる。『貧困の哲学』がこういう大枠のなかで書かれたものであることは、読んでみて初めて知った。『哲学の貧困』からは分からなかった。

一、マルクスとプルードンの対立の中心点

マルクスの『哲学の貧困』は、初めて史的唯物論を公に著した書として重要な役割を果たした。それ以前に『ドイツ・イデオロギー』を書き、またロシアの活動家・評論家・アンネンコフに宛てた手紙のなかで史的唯物論につて書いているが、いずれも公表されていないので、『哲学の貧困』が最初のものとなった。またマルクスがリカードの労働価値説を初めて受け継ぎ、論争をとおして使用価値、交換価値、価値等の問題を深く解明し、自己の経済学を磨くうえで大きな意味があった。この意義は冒頭ではっきりと明記しておきたい。

私がここで問題にするのは理論と具体的実践についてである。プルードンが「革命運動」にとって有害な「小ブルジョア思想家」であったといわれる問題をめぐってである。

プルードンが言いたかったこと

プルードンは「労働と資本の対立が存在するかぎり、この体質（貧困）は解消されない」として、大要、次のように述べている。

労働者は資本家から酷い仕打ちをうけても「生活の安全、自分たちの未来、そして子供たちの未来のために」工場で働き「おとなしくふるまわざるをえない」のだ。ところが資本家は経営がうまくいかなくなると「製造を中止し」、労働者に「仕事をやめてもらう」といい「数百万の労働者を工場から手ぶらのまま放り出す」。「労働者は労働者としての気高い自尊心」をもっている。「ちゃんとしたふつうの暮らしができるよう」な賃上げを要求して「団結するとなると、投獄の憂き目にあう。そして、自分たちの搾取者を裁判に訴えると、裁判所は逆に労働者のほうを、商業の自由の侵害者として罰する。これが裁判をつかさどる連中の正義だ。裁きの女神のかっこうで仮装した愚かな娼婦よ、おまえはいったいいつまで、虐殺されたプロレタリアートの血をすすり続けるのだ」（上巻361ページ）。

労働者の真の気持をよく汲み取った鋭い資本主義告発である。プルードンは根底的には社会主義の側に立っていたといえる。しかしプルードンの悩みは、「ほとんどのひとがユートピア（社会主義）をいぶかしく思っている」ことにあった。社会主義者が提唱する「アソシエーション」論は、

「ユートピア」であると同時に危険な理論でもあるとする。

共同体（アソシエーション）は「あらゆる個人性」を消去した「中央集権化」社会になる。「たしかに国民的単位でなしとげなければならないものがあるが」、「県単位」、「市町村単位」、「会社単位」、「家族単位」、「集団単位」、「個人単位」で「なしとげなければならないこと」のほうが「はるかに上回るほどたくさんある」。このことを無視すると「共同体」は「権力に強力な決定力をもたせる」ことになり「独裁政権」をつくることになる（下巻402ページ）。

これはある論者（デュノワイエ）の言葉であるが、プルードンはこれを全面的に肯定して引用している。このためプルードンは「無政府主義者」と非難されることになった（しかしソ連社会を想起すればデュノワイエには一理ある）。

それではどうすればいいのか。プルードンはこういう状況のもとでは「真理は保守と革新という二項の対立の和解の形式にある」（上巻89ページ）とした。具体的には協同組合運動を念頭に入れた。

マルクスによる批判

これにたいしマルクスは、手紙類を含めると無数ともいえるほどの批判をおこなっている。『哲学の貧困』ではプルードンを「うぬぼれ」といって批判している（全集第４巻１４８ページ）。プルードンは政治経済学者よりも、また社会主義者よりも「はるかに下に」いる人間であると断じ、「社会主義者たちより下に、というのは、彼が、たとえ思索のうえだけにせよ、ブルジョア的地平線をこえて、そのうえにでるほどの気力も見識も、もっていないからである」（同右）と批判している。後のことだがプルードンを「にせの兄弟」と呼びその「厄払い」をしなければならなかったともいっている（「ヨーゼフ・ヴァイデマイアーへの手紙（１８５９年２月１日付）」全集第29巻４４９ページ）。

『哲学の貧困』の最後でマルクスは、「諸階級の対立を基礎とする一つの社会が、最後の結末として血みどろの矛盾に、激烈な白兵戦に帰着する、ということは驚くべきことであろうか？……社会のあらゆる全般的変革の前夜にあっては、社会科学の最後のことばは、つねに、次の一句につきるであろう」と述べ、急進左翼主義者・ジョルジュ・サンドの次の言葉でプルードン批判を結んでいる。

「戦いか、死か、血まみれの戦いか、無か。問題は厳として、こう提起されている」（前掲書、１９０ページ）

マルクスは『経哲手稿』では、資本家と労働者の関係を第一に「一体性」、第二に「相互の対立」、第三に「それぞれのそれ自身にたいする対立」と捉えていた。第三の意味は、資本家が労働者に

「落ち込む」こと、労働者が「資本家となる」ことがあるということである。そして全体として「敵対的な相互的対立」として総括している（全集第40巻４４９～４５０ページ）。

マルクスは、『経哲手稿』の後の未公表の『ドイツ・イデオロギー』（１８４５年）で、エンゲルスとともに階級概念と史的唯物論を確立した。このことによって『哲学の貧困』の結語がこのようなものになった。人間論から階級闘争論になった。

ところでここで問題にするのは理論的精緻さではなく、どちらが労働者の心をつかむかという実践的問題である。もしプルードンのほうが労働者の支持を受けているなら、理論的到達点の高みから強烈な批判をしても、労働者を獲得することはできない。マルクスがわれわれに貴重な知的遺産を残してくれたことには感謝以外ないが、当時の状況に身をおいてみればどういうことになるであろうか。資本主義は「最後の結末」を迎え労働者は「白兵戦」で勝利できたのであろうか。こういう問題提起は往々にして「歴史主義」として非難される。しかしこう問題を立ててみないと「理論拘泥主義」に陥り、歴史のなかでの個々の人々の生々しい姿はすべてつまらぬものとなる。歴史とは人間の実践的活動が生みだす客観的な人間社会の変化のことである。実践なくして歴史なしである。

現実にみるマルクスとプルードン

マルクスがいうように、フランスでは一八四八年二月に革命が起こり、産業資本家の金融資本家にたいする戦いが勝利したあと、革命は産業資本家と労働者との世界最初の正面からの「大会戦」に代わった。しかし凶暴なフランス・ブルジョアジーは六月、三〇〇〇名の労働者を虐殺した（『フランスにおける階級闘争』全集第7巻29ページ）。強調しておきたいが、プルードンはこの会戦に参加している。彼を「小ブルジョアジー」とか「日和見主義者」とかいう非難は当たっていない。またマルクスがこの闘争を指導していれば革命が成功したというわけでもないであろう。

プルードンはこの会戦のあと、一八四九年二月にパリで「人民銀行」を創設し、そのもとに「生産協同組合」と「消費協同組合」を組織し協同組合運動を全面的に開始した。出資者は六週間で二万人にのぼり、六万人が代理人となって広がった。恐れをなしたフランス政府は、プルードンを三年間の投獄刑に処し「人民銀行」を解体させた（津島陽子『マルクスとプルードン』青木書店）。しかし協同組合運動は、すべてが順調というわけではないが、全体としてその後も継続的に発展した。次に起こった世界史的事件である一八七一年のパリ・コミューンでも、プルードン主義者とブランキー主義者が圧倒的に強かったことはよく知られている。

マルクスはプルードンとの論争後の一八四八年二月、先述したように「共産主義者同盟」の「綱領」として『共産党宣言』を発表した。ここでその内容を述べることは割愛するが、闘争の具体的方策としては「強力革命」による政権掌握を目指した。またマルクス、エンゲルスは未来社会において国家が死滅すると考えていたが、その突破口を開く政策としてはヴァイトリングの影響もあって生産手段の「国有化」を前面にだした。しかし「共産主義者同盟」は発展せず、肝心のヴァイトリングは身をくずしてアメリカに行ってしまった。それでもマルクスは一八五一年に書いた『ルイ・ボナパルトのブリュメール一八日』で、「プロレタアートの一部は、交換銀行や労働者協同組合のような、空論的な実験に熱中」しているとプルードンを非難している（全集第8巻115ページ）。

しかしその後一三年目にマルクスは態度を変えた。一八六四年に「国際労働者協会」（第一インターナショナル）が設立されたとき、マルクス自身が設立「宣言」を書き、国有化をいっさい排し協同組合とくに生産協同組合を「全国的規模で発展させる必要があり、したがって国民の資金でそれを助成しなければならない」（「国際労働者協会宣言」全集第16巻10ページ）と宣言した。

「われわれは、協同組合運動が、階級敵対に基礎をおく現在の社会を改造する諸力のひとつであることを認める。この運動の大きな功績は、資本にたいする労働の隷属にもとづく、窮乏を生みだす現在の専制的制度を、自由で平等な生産者の連合社会という、福祉をもたらす共和的制度とおきかえることが可能だということを、実地に証明する点にある」（「中央評議会代議員への指示」全集第16巻194ページ）

但し協同組合を確実なものにするためには、資本家が「自らの経済的独占」を維持するのに「政治的特権」を利用するように、労働者も「政治権力を獲得すること」を「偉大な義務」としなければならないとした（同右10ページ）。

それから七年後のパリ・コミューンにあたってマルクスは、「協同組合の連合体が一つの共同計画にもとづいて（生産するならば）、それこそは『可能な』共産主義でなくてなんであろうか！」と述べた（『フランスにおける内乱』全集第17巻319〜320ページ）。「戦いか、死か」という革命家・マルクスの気概を否定するものでは全くないが、マルクスとプルードンとどちらが現実には労働者の支持をうけたかは明瞭である。

現代にも生きる問題

ところが、この第一インターナショナルの「宣言」について、『マルクス・エンゲルス全集』の編集者（ソ連共産党中央委員会付属マルクス・レーニン主義研究所）は、これはマルクスがプルードンなど「小ブルジョア民主主義者」に「柔軟な」態度をとる必要からおこなったものであるという「序文」をつけている。

マルクスは国ごとの「闘争条件の違い」、「理論水準」の違いを「考慮にいれなければなら」ず、「小ブルジョア民主主義者派からのプロレタリアートの分離をうながす」ために「柔軟な」戦術をとらざるを得なかった。しかし「マルクスは『共産党宣言』で提出された基本的な戦術を固く守り」、「プルードン派その他の小ブルジョア的改良家に反対して、協同組合運動がそれ自体では資本主義社会を改造することはできないこと」を明らかにしたと述べている（全集第16巻の「序文」）。ついでに付言すれば、マルクスの祖国・ドイツでもラサールの協同組合運動が発展していた（内容はプルードンとは違うが）。

これは現代にとっても重要な意味をもつ。私は二〇一二年に日本にある各種協同組合、NPO、社会的企業、地域循環型社会づくりが発展していることをあげ、資本主義の枠内でも非営利を原則としてつくられる諸組織が「現在の社会を改造する諸力のひとつ」となりうることを強調した（『マルクス主義と福祉国家』大月書店）。大企業をどう攻略するかという問題はあるが、こうした動きをもっと重視する必要があるとした。とくに現在では、地域で医療・介護・福祉のネットワークを張ることは緊急な問題である。地方の過疎化は重大問題である。政治をかえなければならないことはいうまでもないが、それを待ってはいられないため、各種の運動・諸組織づくりがおこなわれている。これは社会を変えるための巨大な波をつくるうえで必要不可欠な要因なのである。マルクス・プルードン論争には経済学と哲学にかんする専門的論争もある。それについても次に簡単に触れるが、理論と実際という点で現代の問題とも関連し、以上のことが私としては一番いいたかったことである。

二、経済学・哲学論争におけるマルクス

プルードンはマルクスの『哲学の貧困』にたいする反論は書いていない。プルードンが理論的にはマルクスに負けたと考えたから書かなかったのか、実践では明らかに優位にたっているので論争するのは損と思ったのか、そのあたりのことは知らない。『哲学の貧困』にプルードンが「反論」を書き付けた本がフランスで出版されているとのことであるが、私はフランス語ができないので紹介できない。マルクスが『哲学の貧困』でおこなった経済学と哲学にかんするプルードン批判について簡潔に述べておきたい。

プルードンの経済学について

プルードンは経済学の基本として使用価値、交換価値、価値を論ずるが、使用価値と交換価値との矛盾（前者は豊富さ、後者は希少性のほうが重要）の「絶対的調和」をはかるとして「構成価値」という新概念をつくった。これは両者の「比例関係」を形成するとして結局、価値を「需要と供給」の問題にした（第２章）。マルクスはこの時点では価値の実体について後の抽象的人間労働という到達点にはまだ至らず、また剰余価値の法則も発見していなかった。しかし、プルードンが価値問題を「需要・供給」問題にしていることについて、労働価値説にもとづき徹底した批判をくわえた。そのほか機械制工場と人間の問題、競争と独占の問題、事実上の利潤率低下の問題、貿易問題等々と論点は多岐にわたっており、ここではとても触れる余裕はない。マルクスの批判はもちろん正当なものであるが、プルードンには経済学について次の二つの命題があった。この点だけをみておこう。

一つは「あらゆる労働は剰余を残さなければならない」という命題である。プルードンはこれは政治経済学の公理であるが、自分自身の命題でもあるとしている（『貧困の哲学』上巻１４０ページ）。マルクスは剰余について、それによって「利を占める諸階級と、これとは別に衰微する階級とが、存在する」のに、プルードンは「諸階級の敵対関係」が分かっていないので、「現在の生産条件（生産関係のこと――引用者）には注目しないで……あらゆる富を平等主義的に分配することで十分」なのだと考えていると批判している（『哲学の貧困』全集第4巻125〜126ページ）。

すでに述べたように、プルードンは労働者と資本家との間にどれほど鋭い対立があるかを把握していた。そもそも「利を占める諸階級と、これとは別に衰微する階級とが、存在する」という文章はプルードン自身の文章である（前掲書147ページ）。ただプルードンは、階級を「層」と表現してはいる（しかしプルードンは「階級」という用語も多用している）。彼の強調したいことは、いますぐにその対立を解消することはできないので「和解」の形式、ここでは「公平な分配」を求めなければならないという点である。プルードンにすれば、すれ違っているという印象が残ったのではないかと推測する。

プルードンの「集合力理論」

もう一つの命題は「集合力理論」である。プルードンはそれでは「剰余」はどこから生まれるのかを検討し、大要をまとめると次のようにいう。

資本家は雇用した個々の労働者に日当を支払っているが、労働者が協同して働くと「巨大な力」が生まれ生産は増大する。あるものを生産するために一人の人間では二〇〇日かかるのを数時間でつくってしまう。しかし「この成果にたいし、資本家はいっさい支払わない」、「労働者集団の結合」による「巨大な生産力」で得た利益を資本家が「強奪」してしまう。

これは『所有とはなにか』で述べた「集合力理論」であるが（『アナキズム叢書Ⅲ　プルードン』141ページ）、これを『貧困の哲学』でも繰り返している。プルードンはここに剰余労働を搾取する秘密があるとした。『資本論』で解明された「協業」による「相対的剰余価値」の生産のことであるといえる。

これについてマルクスは「単純な真理」と一言ですませている（『哲学の貧困』全集第4巻117ページ）。日本のある学者は、マルクスは「集合力理論」を「見落としている」とさえ述べているほどである。確かにマルクスは『ドイツ・イデオロギー』で「協働によって生じる何倍にもされた生産力」といってはいるが（古典選書45ページ、全集第3巻30ページ）、それを剰余労働の搾取に結びつけていないし、この時期には先述のようにまだ剰余価値の法則を発見していない。ある学者は、絶対的剰余価値の生産（資本家が労働者の「労働」ではなく「労働力」を買うことによって剰余価値が生まれること）の法則にこそ搾取の真の秘密があるのであり、プルードンの理論は成立しないと主張している（前掲書『マルクスとプルードン』参照）。しかしそれは、われわれがマルクスのその後の発見で知っていることである。したがって搾取の一端を論じたプルードンの

「集合力理論」をこのように素っ気なくあつかっていいのかどうなのかと思う。

マルクスの批判でもうひとつのことを述べておく。プルードンは同書のすべての章（14章ある）で、「政治経済学」批判と同時に当時の「社会主義論」批判を展開している。しかしマルクスは後者についてはまったくなにも触れていない。マルクスは先述したアンネンコフへ宛てた手紙で「私がプルードン氏に完全に同意している唯一の点は社会主義的陶酔にたいする彼の反感です。すでに彼よりはやくから、私は、愚鈍で、感傷的で、ユートピア的な社会主義を嘲弄することによってひどく嫌われ者になりました」と述べている（全集第27巻398ページ）。しかし、プルードンが国民は社会主義を「いぶかくしく」思っているといっている以上、しかるべきことは述べておかないと、これでは率直にいって論争としては噛み合わず、違和感をもたざるを得ない。

プルードン哲学の批判

哲学の問題をみてみよう。プルードンはテーゼ、アンチテーゼ、アンチノミーといったヘーゲル流の言葉を全編にわたって多用しているが、弁証法の明快な解明がないので引用が非常にしにくい。要するにものごとには肯定と否定の二面性があり、この二面性から否定面を除去すれば肯定的社会ができ、逆であれば一層否定的な社会となるということである。第一二章はこうした論法により「社会主義」（フーリエら）を「ユートピア」とし、「共産主義」（カベー）を「独裁」として切り捨て、「平等」を実現する中間の道を探究している。

マルクスは、プルードンはヘーゲル弁証法を「類例のないほどつまらぬものに矮小化し」、「独断的な、善悪」論にしたと述べている（『哲学の貧困』全集第4巻133、136ページ）。まったくそのとおりであり、これなら私でも簡単に反論できる。

資本家にとって「悪」は労働者であり、労働者にとって「悪」は資本家である。「悪」を取り除くとして労働者を取り除けば資本家は存立しえない。労働者が「悪」として資本家を取り除けば労働者は存立しえない。弁証法の核心は「対立物の統一と闘争」である。資本家と労働者は「統一」している。だからこそ資本主義が成立する。よく「会社が潰れてしまったらどうしようもない」といって労働者が会社の「いいなり」になる。しかし両者は「矛盾」であり「対立物」であり、そこには「闘争」がある。労働者は資本家をなくすが、同時に資本家から生産を管理し運営する機能を奪い、双方を止揚した「新社会」をつくる。これが弁証法である。

マルクスは、プルードンの「善悪」論では「良い面」だけが残り「弁証法的運動は中断されてしまう」といい、弁証法とは自己矛盾による永久運動の法則であることを強調する。人間の思考についても「肯定と否定」、「然り（ウイ）と否（ノン）」に分裂し、この「二つの敵対的諸要素が、弁証法的運動を構成」し、この運動のなかで二つの敵対する思考は「平衡を保ち」あるいは「自己を中和」しようとするなど、「産みの苦しみ」を味わいながら「両者の総合たる一つの新しい総合群が成立する」という（同右132ページ）。

マルクスは、いまプロレタリアートが「鮮明な輪郭」をもって歴史の舞台に登場し、「ブルジョア社会の克服」を可能にしており、新しい社会をつくりだす条件があると主張する。ところがプルードンは新社会に至る階段を登りはじめたが、対立物の「均衡」、「中和」をつくるための「辛苦に満ちた努力」をしただけで、階段を登りきれずに「あおむけに倒れたのである」（同右、133ページ）という。新社会の探究の途中でひっくり返ってしまったということである。マルクスはこれは当時のイギリスの運動家・ブレイにも劣るとして大要次のように述べている。

「（ブレイは）一大株式会社は……共産主義に到達するために現社会にたいしてなされた一譲歩」であるとし、「現在の社会から共同社会の制度への過渡期にふさわしいと思われる諸措置を提唱し……プルードン氏のお株を奪っている」（同右102〜103ページ）。

マルクスのプルードン哲学批判は見事なものである。

以上がマルクスのプルードン批判の問題点であり、理論的にはマルクスが優ったことはいうまでもない。しかしそれにしても、「友情を永久に終わらせる」ほど強烈に批判しなければならないのかと思う。

なお、『資本論』でマルクスが協同組合も株式会社も新社会への「通過点」（過渡）であるとしていることは周知のところであるが、協同組合はとくにプルードンが、株式会社についてはブレイが言いだしていたことは記憶にとどめておいていいことであろう。

マルクスの「自戒」

マルクスはプルードンが一八六五年に死去したあとも自説の正当性を強調しつつ、「自戒」をこめた文章を残している。二つある。

その一つでは、先述した一八四八年六月の「大会戦」にプルードンが参加したことを念頭におき、「この闘士の偉大な資質、六月蜂起における勇敢な態度、および政治的著作家としての才能を公平に認める」と述べている（「『哲学の貧困』について」全集第19巻226ページ）。

もう一つの言葉は以下のものである。

「私がプルードンの著書を小ブルジョア社会主義の法典であると述べ、そのことを理論的に証明した当時には、プルードンはまだ経済学者たちと社会主義者たちとの双方によって、超過激革命家として異端視されていたことを、考えてください。だから、のちになって、彼が革命を『裏切った』という叫びがあげられたときにも、私はけっしてそれに同調しなかったのです」（前掲、「P・J・プルードンについて」全集第16巻27ページ）

プルードンをどの程度までかは分からないが再評価してもいいのではなかろうか。レーニンはプルードンを批判はしたが、十月革命後、クレムリンの傍に歴代ツァーリの名が書かれた記念碑があったのを、人類の進歩に貢献した人々の記念碑に建て替え、そこにマルクス、エンゲルスとともにプルードンの名前を刻み込んでいる。理論と政治的実践の問題はよくよく考えてみなければならないことである。

マルクスの思想が実際に労働運動に浸透していくのは、ドイツ社会民主党がマルクス死去後の一八九一年、エンゲルスの指導の下で「福祉社会」実現を重視する「エルフルト綱領」を策定したことと、一九〇五年にロシア革命が起こったことによるものであった（エーリック・ホブスボーム『How to change the world』）。

第二章

共産主義とは「体制」ではなく「運動」のことか

『ドイツ・イデオロギー』と未来社会

話が少し前後する。プルードンとの論争の前に、マルクスはエンゲルスとともに一八四五年から一八四六年にかけて『ドイツ・イデオロギー』を書いた。ここで後に『経済学批判　序言』で定式化した史的唯物論の法則の基礎となる諸要素、とくにマルクスが社会構成体と名づけた社会構造と、それが生産力の発展を基礎に原始共同体から奴隷制、農奴制、資本主義、社会主義・共産主義へと移行することを法則化するうえでの基本をつくった。本章はその内容をすべて述べるものではないが、現在、未来社会を論ずる場合に問題となる諸点を取り上げて検討したいと思う。なおここで『序言』の一部にも触れることをお断りしておく。

一、共産主義は実態のないものか

未来を描いてはいけないのか

第一の問題は、マルクスの共産主義とは運動のことだけをいっているのかという問題である。マルクスは『ドイツ・イデオロギー』で次のように述べている（『ドイツ・イデオロギー』はエンゲルスとの共著であるが煩雑さをさけるためマルクスとだけ書く）。

「共産主義は、われわれにとって、つくりだされるべきなんらかの状態、現実がしたがわなければならない（であろう）理想ではない。われわれが共産主義とよぶのは現在の状態を廃棄する現実的運動である。この運動の諸条件は、いま現存する前提から生じる」（古典選集46ページ。全集第3巻31～32ページ）

マルクスの共産主義社会が仮説であることは確かである。しかしこの命題について日本のマルクス主義者のなかに以下のような解釈・意見がある。

共産主義は「理想の国」の設計図を勝手に描いて社会に押しつけ、国民をひっぱっていく目標ではなく、資本主義のもつ問題点をひとつひとつ解決していき、その運動の結果としてはじめて形をさだめるものである。これはマルクスの未来社会論の重要な柱であり、われわれが未来を論ずるとき留意しなければならない最も肝心な点である。

この意見は資本主義の「先は描けない」という思想状況のもとでかなり広がってる。命題とは直接関係はないが次のようにもいわれてる。

資本主義の後に来るべき社会体制（その名は何であれ）がどのようなものであるかは、さまざまな環境におかれた九九％の人々の生存権を脅かす現実的な問題を一つずつ取り除く運動を継続し、積み重ねることによって初めて明らかになってくるであろう。

共産主義の命題を日本のマルクス主義者がこのように扱っていることを二〇〇歳のマルクスが知ったら、もっともなことだと思うか、困ったものだと思うか、どうであろうか。

これらの意見はマルクスの命題と文言上は一致する場合もあり、もっともなように聞こえる。しかしこれでは未来社会を論ずる意味そのものがないことになる。マルクスが未来社会を追求したこと自体、誤りであったということになる。眼前の運動をやっていくことがすべてであり、どういう未来を目指すのかを考えたり描いてみたりすることは正しくないというのであるから、そうならざるをえない（誰も「勝手に描いたり」、「社会に押しつける」などと考えてはいない）。

私の記憶では、このマルクスの命題を第二次世界戦争後の国際的な共産主義運動で初めて使ったのは、イタリア共産党書記長のベルリンゲルであった。一九八一年にポーランド事件（自由を求めるポーランド国民の運動をソ連が軍事力で威嚇し、ポーランド政権がソ連の武力介入を防ぐためという「口実」のもとに運動を武力弾圧した事件）が起きたとき、ベルリンゲルは「ロシア十月革命の推進力は枯渇した」と述べるとともに、われわれはソ連を将来社会のモデルとはしないと主張した際にこの命題を援用した。使った意味が違う。

現実から離れた「理想」を描いてはいけない

それではマルクス自身はどういう意味でこういうことをいったのであろうか。この命題は『ドイツ・イデオロギー』のなかで最も重要な意味をもつものであり、ここを正確に読むかどうかは『ドイツ・イデオロギー』の正否にかかわる、いわば山場である。

この命題は、フォイエルバッハを含むドイツの青年ヘーゲル派の哲学全体を批判したなかで述べられたものである。マルクスの主張の主要点を要約的にいうと次のようになる（古典選書、全集、渋谷正訳本はそれぞれ訳が違い位置も違うので、ここでは一つひとつ出典、ページ数を明記するとあまりにも煩雑になるため省略する）。

マルクスはドイツ哲学は「天空から地上へと下る」のを特徴としたが、いまやフォイエルバッハは唯物論の立場にたったので「まったく逆に、ここでは地上から天空への上昇がおこなわれる」と述べている。ところがフォイエルバッハは自らを「共産主義者と称して」いるが肝心の「世俗世界」が分っていない。そのため「現実的で歴史的な人間」のかわりに「人間なるもの」という抽象世界に人間を置き、「観念的に美化された愛と友情」のなかに「あぐらをかいて」いる。人間を「社会的関連のなかでつかもうとしない」。フォイエルバッハは唯物論者ではあっても人間が求める世界を観念だけでとらえている。

われわれ「実践的唯物論者すなわち共産主義者にとってもっとも重要なのは、現存する世界を変革すること、眼前の事実を実践的に攻撃し、変えることである。フォイエルバッハの場合は、ときおりこの種の諸見解があるとしても……一般的な見方にはほとんど影響をあたえていない」。彼は世界を「観照」（眺める）しているだけである。したがって彼は『目の前の事実』だけをみてとるという平凡な見方」をするか、「飢えた人間の群れ」をみるという観念的な「もっと高い哲学的な見方」をするかどちらかである。フォイエルバッハは生身の生きた人間の歴史から「まったく離れている」。このことを考慮するならフォイエルバッハは「どんな唯物論者でもない」。

以上の大きな流れのなかに、先の命題があとから付け加えられてでてくる。簡潔にいえば第一に現実の世界から離れた「理想」を書いてはいけないということをいっている。「理想」一般を描いてはならないとはいっていない。「理想」は現実と歴史にもとづくものであり、「観念」によるものであってはならないといっているのである。

この命題がフォイエルバッハ批判であることは、渋谷氏の訳本でマルクスの草稿原文には「理想」という前に「フォイエルバッハが……『理想』」という言葉が挿入されていたとされていることからも明らかである。フォイエルバッハがいう「理想」（愛と友情）ではなく、唯物論にもとづく「理想」でなければならないといっているのである。

変革の立場に立たない「理想」には意味がない

第二に、現実がしたがわなければならない「理想」という意味はなにか。マルクスは、われわれは現実世界を変革する運動をしているのに、フォイエルバッハは共産主義者といいながら現実を変革するのではなく、現実がしたがわなければならない「理想」を描いて「あぐらをかいて」いるということを批判している。変革の立場にたたない「理想」では意味がないといっている。これはマルクスがかの有名な「フォイエルバッハに関するテーゼ」で、哲学者たちは世界をただ解釈してきただけで、「肝心なことはそれを変革することである」と述べている意味を深く説明しているものであり、肝心要のところである。

繰り返すが以上のように「理想の国」を描いてはいけないとはいっていない。そのなによりの具体的な証拠は、この文脈のなかでマルクス自身があの有名な共産主義社会の、夢のような「理想」を描いていることである。

「共産主義社会にあっては、社会が全般の生産を規制し、まさにそのことによって私に、今日はこれ、明日はあれをする可能性を与えてくれる。つまり狩人、漁師、牧者または批判者になるなどということなしに、私の気のおもむくままに、朝には狩りをし、午すぎには魚をとり、夕には家畜を飼い、食後には批判をする可能性である」（古典選集44ページ、全集第3巻29ページ）

共産主義社会がくればこうなるのかどうか、まったくの仮説である。それを立ててもいけないなどとマルクスはいっていない。引用すると長くなるのでやめるが、あの命題がでてくる直前では「生産の共産主義的規制」について論じている。また「共産主義の仕組み」、「共産主義的に組織された」社会、「共産主義的社会組織」についてしばしば言及している。マルクスは当然のことではあるが共産主義を実態のあるものとして捉えている。私は以上のように考える。

なお、「フォイエルバッハ・テーゼ」と『ドイツ・イデオロギー』とはどちらが先に書かれたかとか、どちらが理論的に高いかという議論があるが、私にはあまり興味がない。同時期に書かれたことは間違いない。肝心なことは未来社会を探究するマルクスの精神を忘れないことである。現代のアナーキズム擁護者が運動には目的がないという自己弁護に、このマルクスの命題を使っていることを付言しておく。

二、変革の主体形成とイデオロギー問題

第二の問題は変革の主体はどのようにして形成されるのかという問題である。

いま民主主義的変革であろうと社会主義的変革であろうと、社会を変えるという変革の思想そのものが薄れてしまっている。経済要求の闘いをやっていればそれは形成されるのであろうか。しかしその経済闘争すらおこなわれなくなった。

私は思想・イデオロギー問題という重要な問題が見落とされているのではないかと思う。『ドイツ・イデオロギー』はこれをどうみているのであろうか。私はある問題点を感じている。マルクスは「支配的階級の思想はいずれの時代においても支配的思想である」といっている（古典選書59ページ、全集第3巻42ページ）。確かに支配階級の思想のほうが強い。しかし多数者革命のことを考える場合、これでは被支配階級の思想が多数者を獲得することはできない。イデオロギー問題はよく検討しなければならない問題である。特に高いイデオロギー的管理能力をもつ先進資本主義国ではそうである。言葉の上での混乱もある。順を追って検討してみよう。

マルクスとイデオロギーという言葉

イデオロギーというと一般に「悪い」イメージがある。「イデオロギーを押し付けてくる」といった言い方によく表われている。逆に「彼は考えかたがはっきりしない。思想、イデオロギーがないからだ」というようにも使われる。いまではソ連崩壊により「イデオロギー対立がなくなった時代がきた」とよくいわれる。「いまは右も左もない、保守も革新もない、すべてのことが自己責任である」とされる。このようにいろいろな形で使われるので、イデオロギーという言葉はなにを意味するのかという問題をめぐっていろいろ議論があった。

この事情を反映してか、『社会科学総合辞典』（新日本出版社）は、イデオロギーという言葉のもつ二重性を考慮し次のように説明している。冒頭ではイデオロギーとは「政治的・宗教的・芸術的・哲学的その他の社会的諸意識の体系のこと」と説明されている。その先では「その時代の支配階級」の思想とし、「マルクス、エンゲルスはイデオロギーということばを、土台によって規定されているにもかかわらず、そのことを知らず自立的な存在であると考える転倒した意識形態をさすものとして使っている。たとえば『ドイツ・イデオロギー』でのイデオロギーということばは、このような意味で使われている」とされている。

マルクスが『ドイツ・イデオロギー』を書いたのは、当時ドイツで流行していた哲学思想すなわち「ドイツのイデオロギー」を克服するためであった。したがってイデオロギーという言葉を否定的な意味で使った。『辞典』がいうとおり「転倒」した意識形態であり、いわば「虚偽」のものであった。

しかしだからといって、私はイデオロギーを「悪い」意味だけで使おうとは思わない。現代においで使うのであるからマルクスのとおりに使わなければならないという理由はない。『辞典』の最初の規定は一般的に分かりやすい説明である。それを使えばいいのだと思う。

マルクスと上部構造

しかし言葉以上に重要なのは、いつの時代も「支配的思想」は「支配的階級の思想」であるといっている問題である。

マルクスは土台と上部構造の関係について『経済学批判　序言』で次のように述べている。社会には経済的土台と「巨大な上部構造」があり、「経済的生産諸条件における物質的な、自然科学的に正確に確認できる変革」と、人間がいざ変革のために上部構造と「たたかって決着をつけるところの法律的な、政治的な、宗教的な、芸術的または哲学的な諸形態、簡単にいえばイデオロギー諸形態とをつねに区別しなければならない」―（全集第13巻7ページ）。

ある経済的土台が新しい土台に移行する問題は「自然科学的に正確に」認識できるが、上部構造は「簡単にいえばイデオロギー」をもった生身の人間が闘う場であり、その推移は自然科学的法則で測れるものではないといっているわけである。変革の客体と主体の「区別」が必要であるということである。これは重要な指摘である。

しかし問題は、もし上部構造が支配階級の「転倒」した「虚偽」の思想・イデオロギーで支配されているなら、上部構造に「決着をつける」方法は強力革命以外なくなることになる。政治権力を掌握する以前には多数者を変革の側に獲得することはできないことになる。土台すなわち経済の状態が悪くなれば急に変革のイデオロギー（民主主義的変革であろうと社会主義的であろうと）が民衆のなかにつくられるものではない。こう考えるのはまったくの「機械的唯物論」である。

この問題に最初に気が付いたのは、イタリア共産党の創設者の一人であるアントニオ・グラムシである。一九一七年に生産力も十分に発展していないロシアで十月社会主義革命が成功したとき、彼は土台と上部構造のことを真剣に考えはじめ、マルクスの『序言』は「完成」させなければならないとした。

グラムシは、イデオロギーは支配者にとっては被支配者を騙す「意図的かつ意識的な虚偽」であり、被支配者にとっては「強いられた虚偽」といいうる、しかし「実践の哲学」（マルクス主義のこと——引用者）にとっては、イデオロギーは「虚偽」と「闘い、その本質を暴露」しなければならない「実在的」、「能動的」なものであると主張した。「実践の哲学それ自体が上部構造である」といっている（『グラムシ選集』②合同出版　124ページ。訳は松田博氏による）。

私は、マルクスが支配的思想はいつでも支配階級のものだといったのは、民衆を代表しえる思想すなわちマルクスの思想が形成されつつあったときであり、それが民衆の物質的力となっていなかったので、イデオロギーといえば支配階級の思想を意味するものとしたのだと思う。マルクスは『ドイツ・イデオロギー』でイデオロギーそのものについて次のようにいっている。

イデオロギー（意識）には現実的土台があり「自立的」なものではないのだが、「物質的労働と精神的労働の分割が現われてくる瞬間から……なにか別物であるかのように実際に思いこむことができる」。「この瞬間から意識は世界からのがれ出て『純粋な』観念、神学、哲学、道徳等々の形成へ移っていくことができる」（古典選書39～40ページ、全集第3巻27ページ）。

後年のことであるが、エンゲルスも政治家の政治的動機も法律家の法的動機も経済的土台と結びついているにもかかわらず「独立の領域」とみなされ、イデオロギーは上部構造のなかで「それより（政治的、法律的領域のこと——引用者）もっと高い」ものとなり「物質的、経済的基礎からもっとも離れ」たものとなると述べている（『フォイエルバッハ論』古典選書92ページ、全集第21

巻308ページ)。イデオロギーは精神労働が生みだす最も抽象化された領域にある。

イデオロギーの実践的意味

そういう領域であるからこそ革新的・変革的イデオロギーも生まれ、国家機構、裁判所等々の機構に入ることはできないにしても、それより「高い」上部構造、「観念」の領域に入り込むことができる。そこで精神労働に従事する専門的思想家(イデオローグ)が保守・革新にかかわらず民衆の心を掴むための懸命な努力を払うわけである。

その点では支配階級を代弁するイデオローグのほうが明らかに優位に立っている。財政的にもマス・メディアを利用する点でも圧倒的に強い。それに負けない思想を変革の側のイデオローグが生産し、革新の側が供給していかない限り、政権を獲得する以前に多数者を結集することはできない。まさに激しい思想闘争が上部構造でおこなわれているのである。

グラムシは「東方(ロシアのこと)では、国家がすべてであり、市民社会は幼稚でゼラチン状であった。ところが西方では、国家と市民社会とのあいだに正確な関係がある」(『グラムシ選集』①180ページ)といったが、その「市民社会」というのは、階級闘争とは無関係な上品で優雅な人々の集まった社会を意味するのではなく、政党、労働組合、教会、メディア、学校、その他さまざまな市民諸組織が思想闘争をつうじて多数者の「合意」を取り付ける実践の場を意味している。ここで保守と革新の激しい思想闘争がおこなわれる。それがグラムシのいう「陣地戦」のことであり、東方とは違いヨーロッパでは「穏やかな」闘争がおこなわれるかのように捉えるなら、それは大きな間違いである。

この闘争によって変革の主体が形成されていく。もちろん経済闘争（工場法的闘争）をとおしても形成されるし、政治闘争（選挙、デモ等）をとおしても形成されるが、イデオロギー闘争はそれとは違った格別の幅の広さをもっている。というのは、支配階級はそれぞれの時代になにかの社会思想をつくり（直接につくるのは専門家）、国民を日常的に体制の側に包摂する。ここにいう時代とは、封建時代とか資本主義時代といった大きな時代のことではない。戦後の日本をみても、「一億総懺悔」とか高度成長期には「一億総中流社会」とか、また「豊かな社会」とか、その時々をあらわすようないろいろな社会思想がつくられ、国民もなんとなくその気になった。そういう時代である。

革新の側はこれに対して、マルクスの理論さえあればなんでも解けるといった態度ではなく、これに負けない思想状況をつくらなければならない。暴露だけではなく時代に合致した思想をである。こういう意味でイデオロギー問題は変革の主体を形成するうえで欠かすことのできないものである。そこで果たす知的専門家の役割は極めて大きい。

戸坂潤とイデオロギー問題

戦前の日本で唯物論の立場に立ってイデオロギーの「大衆化」、「常識化」を説いて奮闘し、治安維持法で逮捕・投獄され、終戦直前に獄死したマルクス主義哲学者・戸坂潤は次のように述べている。これは現代において銘記すべきことと思う。

「イデオロギーという言葉を観念形態という意味に用い始めたのはカール・マルクスの独創に由来するといわれている。従って今いうイデオロギーという言葉はただマルクス主義の理論に立ってのみ、初めて正当な問題となることができる」（論文「イデオロギーの論理学」戸坂潤全集②3ページ、勁草書房）

戸坂はイデオロギーは支配階級の独占物ではないことから出発している。続いて以下のような記述がある。

「わが国の論壇で（それはブルジョワ的なものが本来的なのだが）、マルクス主義的・社会科学的認識が今ではかなりよく普及している」。反動的学者には「好ましくない」ことである。

「こう考えてみると、イデオロギーという概念を承認するかしないかは、またどの程度にそれを承認するかは、その国のインテリゲンチャがどの程度に進歩的であるかないかの標準になる」。国が反動化すると「インテリゲンチャもイデオロギーなどという問題は……どうでもよくなり」、「低劣なジャーナリズム」に席を譲ることになる。

イデオロギー問題は「インテリゲンチャが進歩的であるかぎり、常に支配的な問題にとどまるであろう。またとどまらねばならない」（以上、論文「イデオロギー概論」同右98～99ページ）。

日本の「インテリゲンチャ」はいま、マルクスの「世界観」、マルクスの「経済学」を上部構造のなかに確実に入れている。エンゲルスのいった政治家、法律家についていえば、現代では変革を目指す政治家が大きな活動をしており、また現在の法律のもとでもそれが抽象化されている以上、勤労者のためにも使うことができ、民主的活動を展開している多くの法律家がいる。思想・イデオロギー問題はもっと重視しなければならない。

現在のイデオロギー闘争

いま人類の生存の場である地球環境が破壊され、資源の枯渇の危機がせまるところまで資本主義の生産力が発展している。マルクスは『序言』で、「一つの社会構成は、それが生産諸力にとって十分の余地をもち、この生産諸力がすべて発展しきるまでは、けっして没落するものではない」

（全集第13巻7ページ）と規定している。しかし社会変革の思想は（民主的変革を含めて）一般化していない。まだ資本主義の生産力が十分に発展していないということなのであろうか。よく〝資本主義はまだ発展の余力をもっており、資本主義の限界をいうのはかつての全般的危機論の誤りの繰り返しになる〟ということがいわれる。そういう問題なのであろうか。

一九八〇年代に情報化社会が問題になったとき、それは夢のような社会であるとさんざん宣伝された（例えばトフラーの『第三の波』）。ＩＴ技術の発展が生産、流通、分配など人間社会の利便性を著しく高めたことは人類の進歩であったことはいうまでもない。しかし、そのことによって労働が単純化され、非正規雇用労働者を大量に生みだした。それは労働組合運動を停滞させた。日本だけでなく西ヨーロッパでも労働者が分断され、労働組合運動は八〇年代から低迷を始めた。この時代に運動を発展させるための有効な革新的思想・イデオロギーがあったであろうか。

いまＡＩ（人工知能）の発展により新たな時代が開かれようとしている。ここでも同じことがいえるのであって、質的に違う新たな利便性をもたらすことはたしかであろうが、一方で単純労働に従事する労働者が不要になり切り捨てられるのは、資本主義のもとでは確かなことである。これに対処する有効な思想を提起しなければならない。

先進資本主義は高い管理能力をもっている。その能力のなかでも最も重要なのは、既に述べたが労働者・国民をイデオロギー的に資本主義体制の内部に取り込む包摂能力である。これを乗り越える能力をもつことを抜きにしては、資本主義はどんな危機がきてもそれを乗り越えるであろう。これを資本主義はまだ発展の余力をもっているという問題にしてしまうことはできないし、いずれの時代の思想も支配階級のものだとしてしまうわけにもいかない。

三、「同時革命論」をどうみるか

マルクスが同時革命を提起した理由

第三の問題は「同時革命」についてである。マルクスは『ドイツ・イデオロギー』で初めて「共産主義革命」は各国で個別に起こるのではなく「支配的諸民族の仕事として『一挙に』そして同時にのみ可能である」（古典選書45ページ、全集第3巻31ページ）と述べている。エンゲルスも『共産主義の諸原理』で簡明・直截に一国規模では「起こりえない」と断言している。

ソ連が崩壊したときマルクス、エンゲルスのこの命題は正しかったという論調が復活した。ソ連で一九二〇年代後半に「一国社会主義」は可能かどうかの大論争があり、スターリンが多くの誤りを犯したものの「一国社会主義は不可能」としたトロツキーを克服し、社会主義建設を進めたのは正しかったというのが定説となってきた。こうした過去の言動をいま云々するつもりはないが、どの議論もスターリンとトロツキーに焦点があてられ、マルクス、エンゲルスの説そのものに検討を加えることは稀にしかなかった。大体はさけて通ってきた。現代はグローバル化の時代であり、ますますこの命題について真剣に考えてみる必要がある。

マルクスが「同時革命論」を提起した理由は、共産主義は「局地的に存在」するのではなく「世界史的存在」であり、それは生産力の発展と交通の諸力の発展によって客観的にもたらされたものであり、それはまた「『文なし』大衆の現象をあらゆる民族のうちに同時に生みだす」からであるという点にあった（古典選書45ページ、同右31ページ）。エンゲルスは大工業、世界市場のもとでの「文明民族」の「相互依存」関係と「社会的発展の均等化」によるとしている。

マルクスは（エンゲルスも）これを思いつきで述べたのではない。当時二人が接触をもっていた「正義者同盟」の指導者のなかで、共産主義についてさまざまな議論がおこなわれていた。共産主義は小規模で導入すべきか全人類的に導入すべきか、共産主義コロニーはアメリカにおいてのみ試みるかイギリスでも試みるか、共産主義は啓蒙によって実現するのか人々の飢えから生まれるのか等々である（服部文男『マルクス主義の発展』参照、青木書店）。

要するに共産主義とは局地的、民族的に存在するものか、全般的・世界史的に存在しえるものかといった議論である。これらのことを念頭に入れ、共産主義は局地的ではなく世界史的必然であるととらえたうえで「同時革命論」を提起したのであった。問題はなぜ「同時か」である。

なぜ同時なのか

「貧困化の同時性」、「相互依存性」、「発展の均等性」といっても「同時」という答えはでてこない。マルクス、エンゲルスの立場を基本的に守るものとして一般に言われるのは、「同時に」という意味は「ある一定の歴史的時代に」という意味だというものである。結論からいって、私はいつまでもこのマルクス、エンゲルスの命題に固執したり、あるいはそれを根底に置いて一国における変革の事業（民主主義的であれ社会主義的であれ）に消極的態度をとるべきではないと考える。いまグローバル化のなかでこの命題の正しさを強調するむきがあるが、グローバル化をもって各国の変革闘争を傍観者的にみるのは正しくないと考える。

イタリアのアントニオ・ネグリは『帝国』（イギリスのハートとの共著、以文社）のなかで、グローバル化時代には国民国家は意味を失い、世界的な「マルチチュード」という人間集団（私にとってはまったくわけの分からない概念）が形成され、それが「世界市場」にたいして反乱を起こし、「プロレタリアによる世界同時革命」ではなく「マルチチュードによる世界同時革命」が起きるとしている。グローバル化の名の下での各国の変革闘争への消極的態度、傍観者的態度というのはこういうことを念頭に入れている。グローバル化によっておこる現象を誇大化し、それによって新世界が展望できるかのようにいうのは観念の遊びである。現状はグローバル化を押し進めた張本人であるアメリカこそが「アメリカ・ファースト」を唱えており、EUにおいてさえも「国民国家」の意味は失われていないどころか、イギリスはEUから離脱する。

柄谷行人氏は『世界史の構造』（岩波書店）のなかで、一国で社会主義革命を起こせば「たちまち他国の干渉」に出会い、革命を防衛しようと思えば「自らが強力な国家」をつくらなければならず、「国家を一国の内部から揚棄することはできない」とする。そして氏は、国家の対立は戦争の根源であると述べる。そこでカントが『永遠平和のために』で主張していた「諸国家連合」、さらにその高度な形態としての「世界共和国」をつくることをめざす「漸進的な世界同時革命運動」というものが存在しえると主張している。したがってマルクスの「同時革命論」を捨てる必要はないとしている。

観念的にはフォイエルバッハのようになんでも存在しえる。しかし「世界共和国」というのは「天空から降りてくる」のではなく、世界の国々の国民がそのような「共和国」をつくる闘争をし、「地上から天空に昇る」運動を成功させなければ実現できないのは自明のことではないか。二〇〇歳のマルクスがこういう議論をきいたらどういうであろうか。

実はこの問題ではマルクス自身も混迷していた。『ドイツ・イデオロギー』後の一八四八年に発表した『共産党宣言』では、「ブルジョアジーにたいするプロレタリアートの闘争は、内容としてはそうでないにしても、形式としてはさしあたり一国的である。各国のプロレタリアートは、当然まず第一に自国のブルジョアジーをかたづけなければならない」と述べている（古典選書68ページ、全集第4巻486ページ）。ところがその同じ年に起こったフランス革命が敗北すると、フランスの労働者は「フランス国家の壁のなかで、プロレタリア革命を完遂しうると考えていた」が、「世界市場の専制君主」であるイギリスに「打撃を与える全ヨーロッパ的な革命戦争をしないで、どうして（フランス・ブルジョアジーを）打ち破れるだろうか?」と態度を変えている（『フランスにおける階級闘争』全集第7巻17ページ）。

こういう状態であるから、どちらがマルクスの本音であるのかといった議論は意味がないと思う。いまわれわれ自身でどうみるかが重要である。

過去の革命はみな一国的

『ドイツ・イデオロギー』から一七〇数年間に起こった革命はみな一国的であった。ロシア十月革命がそうであり、第二次世界戦後をみても、一九四九年の中国革命の成功、またベトナム革命の成功も一国的である。一九五九年のキューバ革命も一国革命として成功し、ラテンアメリカに初めて社会主義国家が誕生した。

一方、インドネシア革命は、一九六五年に日本の支配層と結託したスハルト将軍のインドネシア共産党員の大量虐殺（一〇〇万人とも一五〇万人ともいわれている）によって潰された。チリ革命は一九七三年、アメリカのCIAとピノチェト将軍が結んだクーデターによって国民の四三％の支持を受けていたアジェンデ大統領が殺害され、潰されてしまった。一九八〇年にフランスでミッテラン大統領の「社会主義政府」が誕生したが、ヨーロッパ資本家連盟がフランスから資本を引き上げることによってミッテラン大統領を屈服させた。

革命が成功したのはみな一国的である。崩壊させられたのは、みな外部勢力と結託した勢力によるものであった。しかし現在、世界の構造変化のもとで、国際連帯を強めてこうした暴挙を起こさせないよう国際的世論で包囲し、「一国革命」をまもることは可能になっていると思う。

いま地域共同体が重要な役割をはたす時代になっている。ＥＵは単一市場を形成している。この今後の推移をみることは確かに重要である。しかしＥＵ各国も経済的・政治的に不均等であり、「同時」に変革を起こすことを現実的に想定することができるだろうか、またその変革が必ず他のＥＵ諸国によって潰されるのであろうか。

いずれにせよ自国の変革こそが第一の問題である。そして、それに成功した国の政権が情勢に応じたしっかりした安全保障政策を持つとともに国際的支持と共感を得るように努力し、また世界各国の人民の連帯運動をおこすことが決定的に重要であるといえる。

一八四四年の『経哲手稿』から四八年の『共産党宣言』にいたるまでの四年間のマルクスの理論研究には、問題としなければならない点もあったとはいえ目を見張るものがある。その後、労働運動を指導しながら経済学の研究に没頭し、『一八五七年―五八年　経済学草稿』を書き、自己の思想に経済学的基礎をあたえた。マルクスはここで自らをより高い次元へと刷新した。そしていよいよ一八六七年の『資本論』第一巻において、初めて資本主義に代わる未来社会の全体像を描いた。

その全体像を検討し現代の未来社会論に移ろうと思う。しかしそのまえに、マルクスの史的唯物論が現実の経験で試される事件の検討が不可欠である。それがロシア革命である。この問題をマルクス史的唯物論とロシア革命との関係の問題としてみておきたいと思う。

第四章

ロシア革命とマルクス、エンゲルス、レーニン

史的唯物論はどこまで適用できるのか

マルクスの史的唯物論が理論的に想定した社会主義が実現可能なものであることを曲がりなりにも証明する突破口を開く出来事が二〇世紀の初めにおこった。それが昨年一〇〇年を迎えた一九一七年のロシア十月革命である。

もし十月革命がなかったらマルクスの理論は「仮説」に過ぎなかったことになる。しかしソ連は崩壊した。やはり「社会主義は成立不可能な体制」であることが証明されたという見方が生まれ広く一般化されている。

これにたいし「ソ連は社会主義ではなかった」として、社会主義を必然とする史的唯物論を擁護する主張がある。また「マルクスの想定した先進国革命はまだどこにも起こっていない」として、史的唯物論の正当性を擁護する場合がある。

いずれも事実であるが、否定的事象と未達成問題を積極的命題として捉えることによって、マルクスを擁護することになり、一種の困難性にぶつかる。マルクス自身の史的唯物論がどこまで適用できるものなのかを、ロシア革命をとおして解明することが重要なのではなかろうか。

実は史的唯物論とロシア革命についてマルクス、エンゲルス、レーニンの態度には微妙な違いがあった。

一、史的唯物論と「忘れてはならないこと」

「序言」と「序説」

マルクスは『経済学批判』の「序言」で、すでに引用したように、一つの社会構成体が新たな社会構成体に移行するためには、古い社会構成体のなかで生産力が十分に発展することが必要であるとした。これが人類の世界史的発展の法則であるとした。しかしマルクスは『序言』を書くわずか一年ほど前に『経済学批判への序説』を書いている（「序言」と「序説」でよく似ているので注意を要する）。ここでマルクスは史的唯物論について「忘れてはならない」注意点を八項目にわたって挙げている。とくに注目したい三点を順不同で挙げてみたい。

1＝「世界史はつねに存在したわけではない。世界史としての歴史とは結果である（全集第13巻636ページ）

「歴史は結果である」ということは、史的唯物論の法則は一般化しえないということである。これは例外があることを指摘しただけのものだろうか。現実の歴史は法則より豊富なものであるとしているのだと思う。

2＝「物質的生産の発展と、たとえば芸術的生産との、不均等な関係」。「芸術の場合には、人の知るように、その一定の隆盛期はけっして社会の一般的発展に対応してはいない」。「彼ら（古代ギリシャ人のこと――引用者）の芸術がわれわれにたいしてもつ魅力は、この芸術がそのうえに成長した未発展な社会段階と矛盾するのではなく、彼らの芸術の魅力は、むしろ、この未発展な社会段階の結果なのである」（同右６３６～６３８ページ）

これは卓見である。人間活動のすべてを物質的生産に照応させることはできない。

３＝「生産力（生産手段）と生産関係との概念の弁証法。その限界が規定されるべきであり、そして現実の相違を揚棄しない一つの弁証法」（同右６３６ページ）

原文はこの訳と違うという指摘がある。私はドイツ語ができないので「全集」の訳をそのまま引用した。

極めて難解な文章であるが、これまで挙げた「注意点」とあわせて読めば、生産力と生産関係の問題の機械的把握を注意したものとして読める。生産力と生産関係には相互に規制しあう限界があるが、それが「現実」とは違う場合もあるといっているのだと思う。本文のなかでマルクスは貨幣は「古代」から存在していたが、ペルーやスラブでは「どんな貨幣も存在しないのに、経済の最高の諸形態、たとえば協業や発展した分業などがある」と述べ「非常に発展してはいても歴史的には比較的未熟な社会形態がある」と指摘している（同右６２９ページ）。社会形態がかならずしも生産力の発展のみで規定されるものではない場合もあるといっているわけである。
マルクスは以上のような注意点を述べてはいるが、一年後の「序言」では生産力が十分に発展すると、これまでの生産関係が一層の生産力の発展の「桎梏」となり「社会革命の時期が始まる」（前掲書6ページ）と定式化し、生産力の発展を歴史の進歩の基礎においている。史的唯物論とは一体どういうことになるのだろうか。エンゲルスの史的唯物論の説明のしかたはマルクスと違っている。

マルクスとエンゲルスの違い

エンゲルスは『フォイエルバッハ論』で次のようにいっている。いささか長くなるが重要な点なので引用させてもらう。

「社会発展の歴史は、一つの点で、自然のそれとは本質的に異なっていることがわかる（「自然科学的正確さ」とは違うことになる――引用者）。自然においては……まったく意識のない盲目的なもろもろの作用力があって、これが相互に働きかけ合い、これらの相互作用から一般的な法則が生じきたっている」

「これとは反対に、社会の歴史においては行動しているものは、すべて意識をそなえ、思慮または熱情をともなって行動し、一定の目的をめざして努力する人間であり、なにごとも意識された企画、意欲された目標なしにはおこらない」

「人間は、それぞれ個々の人びとが彼自身の意識的に意欲された目的を追いながら、歴史の生み出す結果がどうあろうとも、自分自身の歴史をつくるものであり、種々な方向にはたらく多くの意志と外界にたいするこれらの意志のさまざまな働きかけとの合成力が、まさに歴史なのである」（古典選書78〜80ページ、全集第21巻301、302ページ）

つけ加えればエンゲルスはこの後、個々の人間の意志と情熱といっても、歴史を動かす「本来の最終的な推進力」は「人間の大きな集団」（階級）、「民族全体」、「民族のうちでの諸階級全体」であるとしている。すなわち個々人の動機が集団・階級・民族の動機になったとき「大きな歴史的変動をもたらす」と述べている（同右83ページ、同右303ページ）。ここで生産関係の問題がでてくる。しかし生産力と生産関係の矛盾から史的唯物論を説明するのではなく、人間の「主体性」を最も重視している。いずれにせよ史的唯物論の機械的把握は厳に避けなければならない。

それでは実際の問題としてマルクス、エンゲルスは、目の前で進行しているロシアでの革命運動を、史的唯物論の立場からどう掴んでいたのであろうか。史的唯物論が実際に試されたロシア革命とマルクス、エンゲルスの立場をみてみたい。

二、ロシア十月革命の成功とマルクス、エンゲルス

まず明確にしておきたいのは、マルクス、エンゲルスが死去（1883年、1895年）した後、資本主義は帝国主義段階に入ったことである。一九一七年のロシア十月革命が成功したのは、経済的土台としてはロシアも帝国主義段階に達しており、「社会主義を目指す革命」（社会主義革命）を遂行する客観的基礎はあった。その点で史的唯物論の有効性は証明されている。

変革の主体形成の問題でも、ロシアでは早くからマルクス理論が移入され、『資本論』もいち早く翻訳された。初版の三〇〇〇部がペテルブルグですぐに殆どが売れ、マルクスを大いに喜ばせたものである。

一九一四年に第一次帝国主義戦争が始まると、レーニンは他国の領土略奪戦争である帝国主義戦争に反対し、「戦争反対、自国政府の敗北を！」というスローガンを打ち出した。初めはこの訴えは支持されなかったが、戦争の惨禍が国民におしかかってくると、首都・ペテルブルグの労働者はそれを支持し、戦争を続ける政府打倒の三〇万人、五〇万人という大規模なデモを連日のごとく起こした。ペテルブルグ、モスクワなどロシアの一〇大都市では、レーニンが指導するボ

リシェヴィキ党が圧倒的支持を受けた。変革の主体も形成されていたといえる。それが十月革命を成功させた。

このように革命の推進力は「反戦・平和」であったので、十月革命は社会主義革命ではなかったという説があるが、人類史上〝資本主義をつくるぞ〟といってやったブルジョア革命はないし、〝社会主義をつくるぞ〟といってやったプロレタリア革命もない。そのときの情勢が求める焦眉の問題で革命は起こるものである。社会構成体の移行というのは実際にはそういうものである。

ロシア革命の限界

一方、農村・農民問題では限界があった。農民はもちろん平和を希求していたが（兵士の圧倒的多数は農民）、「土地は農民へ」が革命のスローガンであった。しかし農村でボリシェヴィキは多数派になれなかった。封建制度の物質的基礎である地主の土地の没収はもちろん支持され、十月革命後、数週間でこれを完了させた。しかしその後の農業政策をどうするかという大きな問題があった。

ロシアはきわめて不均等に発展した国で、人口の八〇％を農民が占める国であった。農民は絆の強い伝統的な「農村共同体」（ミール）で結ばれていた。マルクス、エンゲルス、レーニンの農業社会主義化政策（集団化と機械化）は、事実の問題として革命前も革命後も農民から支持されなかった。この矛盾は後のスターリンの暴力的農業集団化という暴挙として発現し、スターリン体制がつくられ十月革命を変質させた要因となった（詳しくは拙著『ロシア十月革命とは何だったのか』参照。本の泉社、２０１７年）。

農民は「たとえ小さくとも自分の土地をもっていたい」というのが基本的要求である。エンゲルスがフランスの農民の例から、農民を救うためには「協同組合的な所有と経営に転化させる以外に道がないことを、農民にわからせ」なければならないとしたが（『フランスとドイツにおける農民問題』全集第22巻４９５ページ）、それから一二五年たったいまでも、フランスの個人農は国家からの補償金を受けて豊かである。それがフランスに政治的危機が起こったときでも社会を安定させる大きな要因の一つになっている。

実はこのロシアの農村・農民問題にマルクス、エンゲルスは深い関心をもち、介入したのであった。ここにマルクス史的唯物論とロシア革命の問題がある。

マルクス、エンゲルスとロシア革命

マルクス、エンゲルスは二人ともロシア語の文献を読めたし、ロシアから亡命してくる革命家と接触をもっていた。ロシアの革命運動の原点は「ナロードニキ」（人民主義者）にあった。ナロードニキは、西欧の労働者が資本主義のもとで辛苦をなめているのをみて、ロシアでは資本主義を通らずに「農村共同体」を直接「共産主義的農村共同体」に変えることを主張していた。マルクスもエンゲルスも、それは空想的であり科学的ではないとして反対し、ロシアの農村でも資本主義が発展していることをロシア語文献によって証明しようとした。

しかしある時期以降、態度を変えた。西ヨーロッパで革命が起こり、それが「模範」となれば、ロシアの農村共同体が直接「共産主義的農村共同体」になりうるとした。マルクスは『資本論』が適応できるのは「西ヨーロッパに限定される」とさえ考えるようになった（引用は後に）。マルクスの死の一年前の一八八二年、二人は「『共産党宣言』ロシア語第二版序文」を書き、その最後で次のように述べた。これが二人が共通して到達した結論である。

「この問題にたいして今日あたえることのできるただ一つの答えは、次のとおりである。もし、ロシア革命が西欧のプロレタリア革命にたいする合図となって、両者がたがいに補いあうなら、現在のロシアの土地共有制は共産主義的発展の出発点となることができる」（全集第19巻288ページ）

この大きな変化が起きる要因となったのは、ナロードニキの流れをくむロシアの女性革命家・

ベラ・ザスーリッチが一八八一年にマルクスにだした有名な手紙である（2月16日付）。『資本論』の適用範囲は西ヨーロッパだけと考えた理由もこの手紙から分かる。手紙の要点はよく知られ、広く論及されているが、どれほどインパクトのある手紙をだしたか、ここに全文を訳出しておく。

ベラ・ザスーリッチの手紙

「尊敬する高潔なあなたへ！

あなたの『資本論』がロシアで大きな評判になっていることをあなたはご存知のことと思います。出版物が差し押さえられ、残部が僅かになっているにもかかわらず、わが国の大なり小なり教養ある多くの人々によって読まれ再読されています。そしてまじめな人々はそれを研究しています。しかしあなたがおそらくご存じないかも知れないのは、あなたの『資本論』がロシアにおける農業問題と、わが国の農村共同体とについてのわれわれの論争で果たしている役割のことです。あなたはこの問題がロシアでいかに重要であり焦眉の問題であるかを誰よりもよくご存知です。あなたはチェルヌィシェフスキーがこの問題について何を考えているかをご存じです。わが国の進歩的な文献、例えば『祖国雑記』（アチェチェストベンヌイエ・ザピースキ）は、彼の考えを発展させ続けています。しかし私の考えでは、この問題は特にわれわれ社会主義政党にとっては死活の問題です。われわれ革命的社会主義者の個人的運命さえ、この問題の考え如何にかかっています。

二つに一つです。この農村共同体が法外な国庫の要求、地主への支払いと権力の横暴から解放され、社会主義的方向へ発展することができるか、すなわちその生産と生産物の分配を集団的原理のもとで徐々に組織できるかです。できる場合には革命的社会主義者は自分のすべての力を共同体の解放とその発展に捧げなければなりません。

もしも反対に共同体が崩壊を運命づけられているならば、社会主義者そのものに残されているのは大なり小なり、何十年後にロシアの農民の土地がブルジョアジーの手に移るか、おそらく何百年後に資本主義はロシアにおいて西ヨーロッパにおけるような発展を遂げるかを規定するために根拠ある計算をすることだけです。そのときは社会主義者は共同体の解体の結果、稼ぎを求めて大都市の道路に投げ出される大量の農民よって常に埋没されていく都市労働者のあいだだけで宣伝をする必要があるということになります。

最近われわれは歴史が、科学的社会主義が――一言でいえば最も論争のないすべてのことが、農村共同体は崩壊を運命づけられている時代遅れの形態であるとしている、という意見をしばしば聞きます。このことを説教している人々は自分自身を、Par excellence（優秀）なあなたの生徒すなわち「マルクス主義者」であると呼んでいます。彼らの最も強力な根拠にしばしばなっているのは、「マルクスはそう言っている」です。

——しかしあなたがたは、そのことをどのようなやり方で『資本論』から引き出すのか？彼はそのなかで農業問題を解明していないし、ロシアについては語っていない——とその人達に反論する。

——もし彼がわが国のことについて語るなら、彼はそう言うであろう。おそらく相当勇敢に——とあなたの生徒達はそう答える。

したがって、高潔な貴殿、あなたはこの問題にかんするあなたの意見がわれわれにとってどれ程、関心があるかお分かりになり、またわが国の農村共同体のありうる運命と、歴史的不可避性のために世界のすべての国々は資本主義的生産のすべての段階を通過しなければならないという理論とについてのあなたの見解を述べていただければ、あなたがわれわれにどれほど大きな助力をあたえていただけるかを、お分かりになると思います。

私は勇気をもって私の同志達を代表し、高潔な貴殿、われわれにこの助力をあたえてくださるようお願いするものです。

もしあなたが多かれ少なかれ詳細にあなたの考えを述べる時間がないならば、それを少なくとも手紙の形態でしていただき、私が翻訳しロシアで公表するようお願いできたら、このうえないおぼし召しと存じます。

高潔な貴殿、私の心からの敬意をお受け取りください。

ベラ・ザスーリッチ」

（『マルクス、エンゲルスとロシア革命』書簡集　政治文献出版社　モスクワ　1967年）

マルクスはこのザスーリッチのきわめて明快率直な手紙に返事をするために、四つの長い草稿を書いている。そのうえで三月八日付で短い手紙を書き、『資本論』で述べている資本主義の成立過程は「西ヨーロッパ諸国に明示的に限定されている」とした。「『資本論』に示されている分析は、農村共同体の生命力についての賛否いずれの議論にたいしても、論拠を提供して」いないと述べ、「この共同体はロシアにおける社会的再生の拠点」になりうると述べている。しかしそうなるためには「有害な諸影響を除去すること」が必要であると書いている（全集第19巻238～239ページ）。「有害な諸影響」がなんであるかは手紙には明記されていない。ロシアの農村共同体は資本主義の発展によって崩壊するといっていたのにたいし、そうではなく「社会的再生の拠点」になるとしたのであるから、大きな変化であることに相違はない。

現実の問題としてロシアの農村ではナロードニキの流れをくむ社会革命党（エス・エル）が常に優勢であり、ボリシェヴィキ党は革命前も後も多数派にはなれなかった。理論と実践との関係はこういうものなのであろう。

エンゲルスのリアリズムと冷徹さ

マルクスが死去して一〇年が経ったころ、エンゲルスはロシア革命論の立場を再度変えた。その理由は西欧革命の遅れにあった。

ロシアに『資本論』の第二巻と第三巻を翻訳したダニエルソンという人物がいた（1918年に74歳で死去）。彼はナロードニキであり、『資本論』を読み進むにつれロシアの前途にますます意気消沈し、エンゲルスにきわめて悲観的な手紙を送った。エンゲルスは一八九三年一〇月一七日付でダニエルソンに、あなたは必要以上に「事態を暗く見ているように、私には思われます」という返事をだした。資本主義への移行は「恐ろしい」ものではあるが、西欧革命は停滞したままなのでロシアは資本主義を「選ぶ」しかない、しかしその後、「より高度な社会形態」がくるのだから悲観するなという内容であった。

「ロシアにあるのは、原始共産主義的な性格をもった土台、文明以前の氏族社会です」。「それは瓦解しつつありますが……資本主義的革命がおこなわれ作用するための基礎、材料として役立っています」。「（資本主義が）どんなにはなはだしい苦痛を、人命と生産力の浪費を必然的にともなうかは、われわれが西ヨーロッパで見てきたところです」。「（しかし西欧革命は起こらず）西欧は停滞したままであり、そのような転化の試みはなされず、資本主義はますます急速に発展させられました。そこで、ロシアのとるべき道は共同体」を（西欧でもまだみられない）生産形態へと発展させるか——それは明らかに不可能な任務です——資本主義へと発展していくか」、「ロシアにとってあとのほうのチャンスを選ぶ以外、どうしようがあったでしょうか？」。「資本主義は新しい展望と新しい希望をひらいています」。「あなたがたの国民のような偉大な国民は、どんな危機をものりこえ生きながらえます」。「行動の仕方が変わっただけです。運命が成就されんことを！」（全集第39巻136〜137ページ）

私はこの手紙に関するかぎりだが、強い「ヨーロッパ中心主義」を感じる。ダニエルソンがますます失望したことはいうまでもない。彼はあらためてロシア革命の論争問題でエンゲルスに手紙を送った。それにたいする返事が一八九四年一一月二四日付でだされた。エンゲルスはロシアは「遠い国」だし、ロシア語という「西ヨーロッパの国語ほどたやすくはまだ読めない国語」で論争に介入することは「重大な仕事（『資本論』第3巻を完成・出版する仕事——引用者）を放棄せずにはやれない」し、また自分の私信が私の「同意をえて」かりに公表されるようなことがあれば、「討論に介入せざるをえなくなることを私は恐れる」と述べている。したがって先の「私自身の意見を、少なくとも私のものとして引用したいとおっしゃらないよう、お願いせざるをえない」と述べ、ロシアの論争問題から撤退することを冷徹に表明した（同右２８７、２８８ページ）。

レーニンの決断

もしレーニンがダニエルソンへの私信を知ることになったとしたら、どういう態度をとったであろうか。それから二四年たった一九一七年に、農村に広範な家父長制が残ったままのロシアで、レーニンは十月革命を決断し成功させた。家父長制がその後の事態にどれほど困難をもたらしたかは歴史が示したとおり明らかであるが、「史的唯物論」に忠実であれば現実の事態はどうなったのであろうか。二〇世紀初頭のロシアの危機的状況のなかで選択はまさに二つに一つであった。

レーニンは死を前にして「まず重大な戦闘にはいるべきで、しかるのちどうなるかがわかる」というナポレオンの言葉を引きながら、十月革命に突入してよかった、「およそこれ以外のやり方では、革命はやれない」といった（「わが革命について」全集第33巻５００ページ）。一方、ロシア共産党（当時は社会民主労働党）の分派であるメンシェヴィキ党は、史的唯物論に忠実に従いロシアが完全に資本主義化するまで革命を延ばすべきであるとして十月革命に反対し、「これがマルクス主義だ」とした。

どちらが正しい態度だったのか。「早すぎた革命」をやったとしてレーニンを糾弾することは理論上は可能であろう。しかしロシア革命が二月革命だけで終わっていたならば、ロシアは「最も野蛮な帝国主義国家」になっていたことは間違いない。史的唯物論の現実とはこういうものである。マルクス、エンゲルスがロシア革命が西欧革命の「合図」になるといったのも、最終的にいって当たらなかった（農業・農民と史的唯物論は第七章参照のこと）。

三、レーニンの史的唯物論の見方

独特な見方の背景にあるもの

ところでレーニン自身は史的唯物論をどうみていたのであろうか。レーニンはマルクス、エンゲルスに忠実であったが、メンシェヴィキのようにマルクスを「教条化」することはしなかった。

メンシェヴィキはいま述べたように、変革の問題を生産力・生産関係の問題だけに矮小化してしまった。レーニンがこの関係を無視したことはないし、ロシアが帝国主義段階に入ったことを明確にしたのもレーニンである（『帝国主義論』）。問題はメンシェビキには変革の主体の問題がでてこないことである。

レーニンは若い時代に『ロシアにおける資本主義の発展』を書いた。それをみれば明らかなように、マルクスと同様にロシアの農村共同体内では資本主義化が進み、共同体は解体の過程を通っているとみた。これはナロードニキを批判し、ロシアにマルクス主義政党を強固なものとして確立するための一連の作業の一つであった。

しかしレーニンは同時に、「ナロードニキ主義」の最初の提唱者であるゲルツェンを非常に高く評価した。レーニンに限らずロシアの最高の革命的知性をもった人々――オガリョフ、ベリンスキー、チェルヌィシェフスキー等々――はみなゲルツェンの思想を大なり小なりもっていた。レーニンはゲルツェン生誕一〇〇年にあたり、彼は一八四八年革命の失敗以降、「精神的破綻」を起こし「ペシミズム」に陥ったが、「ロシア革命の準備に大きな役割を果たした」革命家であり、「『ロシア』社会主義……の創始者である」と述べている（「ゲルツェンの追想」全集第18巻12～14ページ）。レーニンのこの「ロシア的」知性は生涯、消えなかった。したがってレーニンは、マルクス主義者であるが同時にロシア革命の伝統であるラジカルな思想をもっていたといっていい。そこに史的唯物論の見方にも独特なものが生まれる背景があったといえる。

「序言」の重要箇所を引用しなかった理由

レーニンは一九一四年、ロシアの出版社・グラナード社が出版する百科辞典でマルクスの項を書いて欲しいとの依頼をうけ、『カール・マルクス』を執筆した。そのなかでマルクスの『序言』を引用しつつも、社会構成体の移行にかんする重要な箇所である、①「生産力が十分に発展していること」と、②「新しい生産諸関係が古い社会自体の胎内で孵化されていること」という二つの箇所を引用していない（全集第13巻43～44ページ）。

これは大変、重要かつ興味ある問題である（この問題を提起した先行研究として季報『唯物論研究』掲載の論文（2000年No.75）があることを明記しておきたい）。レーニンはグラーナド社の社長宛ての手紙のなかで次のようにいっている。

「マルクスからの多くの引用を思い切るのは困難なことでした。私の考えでは、辞典には引用がきわめて重要です（とくにマルクス主義のもっとも争点となる問題についての引用です。そうした問題であるのは第一に哲学と農業です）。……私としては編集部の最後的要求がないかぎり一連の

引用とマルクス主義の諸命題を検閲上の考慮から『訂正』する決心はつきかねました」（全集第35巻174ページ）

レーニンが字数の関係で削除したとは思われない。ナロードニキを批判した初期の大著である『人民の友とはなにか』でも「序言」をそのまま長く引用しているが、この二箇所は引用していない（全集第1巻131～132ページ参照）。両作品の間に二〇年間の差があるが、引用の仕方はまったく同じである。レーニンには引用しない確信的理由があってのことであろう。

それぞれの国の変革の事業の基礎には、それぞれの国のおかれている客観的条件と同時に、その国から切り離すことのできない伝統的文明、伝統的革命史があり、それが結合されなければならない。既に述べたことだが、ツァーリ専制を打倒した一九一七年二月のブルジョア革命だけでロシア革命が終わっていれば、その後のロシアはツァーリの「伝統」すなわち「野蛮さ」と金融資本が結びついた世界で「最も野蛮な帝国主義国家」になっていたことは間違いない。私はメンシェビキがどんなにマルクスに忠実だろうとメンシェビキには与しない。ソ連崩壊をもってレーニンを断罪し、変革の事業を「自然成長論」的立場からみることは、これから未来社会を目指す運動にとっても決して助けにはならないものであると考えている（なおレーニンは『カール・マルクス』を書くにあたりヘーゲルを詳しく研究した。それはレーニンの革命戦略に大きな影響をあたえた。

そのことは「補論」を参照されたい)。

現代と史的唯物論

すでに何回か指摘したように、現代資本主義は地球環境を破壊し資源を枯渇させるまでに生産力を十分に発展させた。その結果、日本が先頭になって経済成長率を低下させ、「ゼロ成長」時代に入っている。他の先進資本主義諸国も一〇年ごとに成長率を下げ、一九五〇年から二〇一〇年にかけて、四・五%―五・一%―三・一%―二・九%―二・六%―一・四%へと低落させている。二〇五〇年までにはすべての先進資本主義国が「ゼロ成長」になるであろうという統計もある(八尾信光『21世紀の世界経済と日本』晃洋書房)。明らかに生産力と生産関係の矛盾が深刻になり、資本主義的生産関係が桎梏となっている。マルクスがいう「社会革命」が必要な時代になっている。

しかしそれは生産力を発展させるために必要な「社会革命」なのだろうか。協同的富が「泉のごとく」(マルクス)溢れでるほど生産力を発展させるために必要なのだろうか。

そうではない。それはすでに達成されている。ここが「二〇世紀社会主義」と大きく違うところである。私は今後、生産力を発展させる必要はないといっているのではない。生産力とは労働力(人間)と生産手段からなっている。人間の発展そのものが新社会に必要な生産力になるかもしれない。しかし、新社会をつくるのはなによりもまず資本主義がここに至る間に溜まりに溜まった諸矛盾を解決し、国民生活の安定と質のよい生活をおくれるようにするためである。

「二〇世紀社会主義」は生産力水準の低い国から始まったため、生産力の発展を基礎にしたマルクスの未来社会への移行が史的唯物論の法則に合致しているように考えられてきた。たしかにマルクスの『序言』は、封建制から資本主義へ移行する過程を見事に解明できる基本的理論を確立している。しかし資本主義から未来社会へ移る過程の説明には使えないと考えている。生産力と生産関係が矛盾に落ち込むまではそのとおりに説明できるが、その先は従来型の説明では解明できない。二〇〇歳になるマルクスが予想できなかったことが起こって不思議ではない。

マルクスは資本主義の歴史的任務は生産力の発展にあるとしたが、その任務を果たした。未来社会を生産力発展の視座からだけではもはや捉えることはできなくなっている。したがって従来型の史的唯物論から未来社会を見て、そこにいまだ至らないのは資本主義がまだ生産力的に余力をもっているからだとすれば、大きな誤りを犯すことになるであろうと思う。史的唯物論の適用範囲は熟考すべきことである。

第五章

マルクスの未来社会論とその多義性

『内乱』と『ゴータ綱領批判』ついての様々な見解

ここからマルクスの未来社会論を本格的に検討することにする。それは多義的であり、現代的視野からどう見るかは重要な問題である。多義的というのは以下の点にある。

一、多義的なマルクス未来社会論

壮大な未来社会像と大きな問題点

マルクスの未来社会論は、純粋資本主義から理論的に導き出される純粋な未来社会である。したがってそれは『資本論』に定式化されている。まず冒頭にそれを引用しておく。すべての議論の出発点になるからである

「最後に、気分を変えるために、共同の生産手段で労働し自分たちのたくさんの個人的労働力を自分で意識して一つの社会的労働として支出する自由な人々の結合体を考えてみよう」（全集第23a巻105ページ。傍線は引用者）

傍線部分にマルクスの未来社会の全体像が描かれている。マルクスは後に展開する議論も含めると、これをおおよそ次のように説明する。

第一に、生産手段の資本主義的私的所有を「共同の」すなわち「社会的所有」にかえた社会である。

第二に、そうなれば個々人は自分で「意識して」社会に必要な労働をおこなうようになる。すなわち個人の労働は「直接に社会化された労働」（同右104ページ）になる。

第三に、そうなれば資本主義社会に特有な競争、浪費など生産の無政府性とは違い「物質的生産過程は……人間の意識的計画的な制御のもとにおかれる」（同右106ページ）ようになる。ということは、市場という商品交換の場も必要なくなる。従って商品・貨幣関係はなくなる。

最後にその結果、個々人は誰によっても強制されることのない「自由に社会化された人間」（同右106ページ）として労働することになる。そうした自由な人間の「結合体」が未来社会である。

分配については『資本論』では規定されておらず、「生産者たちの歴史的発展度とにつれて、変化する」（同右105ページ）としている。これがマルクスの未来社会像の基本である。

マルクスの資本主義分析の理論とそこから哲学的思考も踏まえて描かれた壮大な社会像である。しかしこの未来社会像には大きな問題が潜んでいる。人間が「利己心」を捨てて「意識的」に社会に貢献するよう労働する「意識的人間」になることが大前提となっている。果たして人間はそう変わるのであろうか。

マルクス自身が『資本論』後に二つの方向にわかれた。一つは一八七一年の『フランスにおける内乱』で描いた未来社会像であり、もう一つは一八七五年の『ゴータ綱領批判』における未来社会像である。前者は、人間は変わるがそれには極めて長期の期間がかかるというものである。後者は、そう簡単に変わるものではないことを前提にして、未来社会を二段階にわけたものである（第一章の『経哲手稿』の原点を想起されたい）。まずはマルクスが『内乱』でいっていることを聞いてみよう。

人間が変って未来社会が来る

マルクスはパリ・コミューンの経験を総括した『フランスにおける内乱』のなかで、「あのより高度な形態（「未来社会」のこと――引用者）をつくりだすためには、労働者階級は長期の闘争を経過し、環境と人間をつくりかえる一連の歴史過程を経過しなければならないことを、彼らは（パリの労働者のこと――引用者）よく知っている」（全集第17巻320ページ、傍線は引用者）と述べている。

どれほどの経過と長期の過程を経なければならないのであろうか。それは『内乱』の「草稿」にでている。説明を簡単にするため、マルクスがいっていることを私の言葉で述べる。

資本主義経済組織を変革するために生産手段を社会化し、搾取を廃絶し「労働の奴隷制」から「自由な協同労働」に変え、分配を変更しなければならないが、それだけではなく生産手段の管理・運営など生産の「新しい組織」をつくらなければならない。それを「全国的」につくりあげても、それだけではたりない。「国際的に調和」させなければならない（同時革命を想定しているのか？資本主義諸国との平和共存を想定しているのか？）。この過程をすべて経過するには経済過程だけでなく人間再生の問題がある。「この再生の仕事が、既得の権益と階級的利己心の抵抗によって再三再四遅らされ、阻止されるであろうことを、彼らは知っている」。ここでいう「階級的利己心」とは資本家だけを指すのではなく労働者も指している。なぜなら資本家の抵抗は続くが、資本家は生産手段の社会化で基本的には存在しなくなる。一方、労働者も諸層があり様々な個々人がおり、それがそれぞれ「既得権」や「利己心」をもっている。そのため労働者の側からの抵抗もあるからである。それを克服し「人間をつくりかえ」なければならない。このような「時間の要する漸進的な仕事」を完成させてはじめて未来社会が来る。以上がマルクスの述べていることである（同右517〜518ページ）。

それにしても、ここに至るにはどれほどの期間が必要なのだろうか。マルクスはすぐ続けて奴隷制度が農奴制度に、農奴制度が資本主義制度に置き換えられるのと同じほどの「長い過程をつ

うじてはじめて可能になる」といっている（同右518ページ）。したがって数世紀かかるという
ことである。
後でこの未来社会論についての私見を述べるが、これはマルクスが人類史的課題を提起したも
のとして理解する。
『資本論』ではこれとは反対に、未来社会への移行は「比べものにならないほど」短くてすむ
と述べている。なぜなら「前には少数の横領者による民衆の収奪がおこなわれたのであるが、今
度は民衆による少数の横領者の収奪がおこなわれる」からであるとされている（全集第23b巻
995ページ）。『資本論』はこのことを、所有の形態からみて資本主義的所有は「事実上すでに
社会的経営にもとづいている」ので収奪は短期でできるといっているが（同右）、『内乱』を書い
ているときでもこの条件は同じである。なぜ『内乱』では見解を変えたのか、そのことにこだわ
るつもりはない。マルクス未来社会論にとってはもっと重要な問題がある。

現在のままの人間でつくる未来社会

マルクスが『内乱』の四年後に書いた『ゴータ綱領批判』では、利己心をもったままの人間で
しか資本主義の後にすぐ来る社会はつくれないと主張している。ここでもマルクスのいっている

ことを聞いてみよう。専門家や『ゴータ綱領批判』をよく読まれたかたは百も承知のことであるが極めて重要なことなので、マルクスが述べている順序に正確にそって引用する。なお『ゴータ綱領』というのはドイツの党の「綱領」のことである。その「綱領草案」が未来社会を分配の問題を中心にして論じているため、分配は「生産様式そのものの一特徴」であり、分配の問題で「大さわぎ」するのは「誤り」であると批判し、生産手段の「協同的所有」が未来社会の根本であることを基本問題として指摘している（全集第19巻22ページ）。そのうえで分配についていえば、これこれであるとして論を展開していることを最初に確認しておきたい。そうでないと、以下の引用がまさにマルクス自身が分配問題だけで未来社会を論じているかのようにみえるからである。

「ここで問題にしているのは、それ自身の土台の上に発展した共産主義社会ではなく、反対にいまようやく資本主義社会から生まれたばかりの共産主義社会である」（全集第19巻19ページ）

同じ共産主義社会でも資本主義社会から「生まれたばかりの共産主義社会」とそれを「土台」としてできる「共産主義社会」を区別している。それでは「生まれたばかり」のそれにはどういう特徴があるのか。

「したがって、この共産主義社会は、あらゆる点で、経済的にも道徳的にも精神的にも、

その共産主義社会が生まれでてきた母体たる旧社会の母斑をまだおびている」（同右19～20ページ、傍線は引用者）

経済的には差があり、道徳的・精神的には既得権、利己心等々の「母斑」をもった人々でつくる「共産主義社会」である。要するに「普通の人間」でつくる未来社会である。この点はマルクスが現実的感覚をもって未来社会を探究しようとするものであり、極めて重要な指摘である。『ゴータ綱領批判』の決定的なポイントの一つである。ここを読み落したら『批判』が展開した未来社会論の現実的意義を台無しにすることになる。

「したがって、個々の生産者は、彼が社会にあたえたのと正確に同じだけのものを――控除をしたうえで――返してもらう。個々の生産者が社会にあたえたものは、彼の個人的労働量である」（同右20ページ）

個々人は再生産に必要なもの、社会的に必要なものを控除したあと、自分が労働し社会に与えたものと同じ量のものを返してもらうことを求める。マルクスは、これは「欠陥」のある社会であるとして、「欠陥」の内容を縷々説明している。

肉体的・精神的にある労働者が他の労働者よりまさっていると、同じ長さの労働時間内でより多くの労働を社会にあたえる。そのためより多くの分配を求める。結婚しているかいないか、既婚者でも子どもが何名いるかで差がでる等々である。したがって個人的消費手段の分配では差は避けられず、どうしても「ブルジョア的権利」（同右20ページ）が残る。そのためこの段階での分配は「労働に応じて」受け取るということになる。

「しかし、こうした欠陥は、長い生みの苦しみののち資本主義社会から生まれたばかりの共産主義社会の第一段階では避けられない。権利は、社会の経済構造およびそれによって制約される文化の発展より高度であることはけっしてできない」（同右21ページ、傍線は引用者）

こうした「第一段階」の未来社会をまずは通らなければならない。その後はどうなるのか。

「共産主義社会のより高度の段階で、すなわち個人が分業に隷属的に従属することがなくなり、それとともに精神労働と肉体労働との対立がなくなったのち、労働がたんに生活のための手段であるだけでなく、労働そのものが第一の生命欲求となったのち、個人の全面的な発展にともなって、またその生産力も増大し、協同的富のあらゆる泉がいっそう豊かに湧きでるようになったのち――そのときはじめてブルジョア的権利の狭い限界を完全に踏みこえることができ、社会はその旗の上にこう書くことができる――各人はその能力におうじて、各人はその必要に応じて！」（同右21ページ、傍線は引用者）

政治的過程については次のように述べている。

「資本主義社会と共産主義社会とのあいだには、前者から後者への革命的転化の時期がある。この時期に照応してまた政治上の過渡期がある。この時期の国家は、プロレタリアートの革命的執権以外のなにものでもありえない」（同右28～29ページ）

資本主義社会のあとにすぐ国家は死滅するのではなく、各種の抵抗をおさえる国家が必要である。そのためにこうした政治的過程が必要になる。

以上みてきたとおり『ゴータ綱領批判』は、共産主義社会は生産手段の社会化を基本とした同一の社会構成体であっても、「第一段階」と「より高度の段階」の二段階があることを明らかにした。この第一段階を一般に「社会主義社会」と呼び、「より高度の段階」を「共産主義社会」と呼ぶようになった。『経哲手稿』にみられる「粗野な共産主義」と「本来の人間としての社会主義」（用語の順序は逆になったが）というマルクスの原点が甦っている。マルクスは資本主義社会―過渡期―社会主義・共産主義というのが社会発展の法則であるとした。

『内乱』と『ゴータ綱領批判』とを対比してみたが両者の違いは明白である。そういう意味でマルクスの未来社会論は多義的といえる。ここから『内乱』と『ゴータ綱領批判』についてさまざまな読まれ方が現われたり、未来社会についてさまざまな見解が現われるようになった。とくにソ連崩壊後は混迷が起こっている。

二、『内乱』と『ゴータ綱領批判』の解釈について

まず第一に『内乱』について私見を極めて簡潔に述べたい。

マルクスは資本主義のオールタナティブとして人間が利己心をも克服した共産主義社会を対置したが、これは「資本主義の限界」、「資本主義の歴史的終焉」がいわれる現在の資本主義の対抗軸にはなりえない。なぜなら数世紀先に実現される未来社会像を描いても、思想的意味はあっても現実味はないからである。当時のフランスの状況からみても、パリ・コミューン敗北の対抗軸としてはあまりにも現実からかけ離れており、これでパリの労働者が奮起するとは思えない。

マルクスは一八四八―四九年革命が敗北したときも、革命が成功するには長い戦いが必要であるとして、「労働者の戦いのときの声はこうでなければならない――永続革命、と」と述べ「永続革命」論を提起した（「一八五〇年三月の中央委員会の同盟員への呼びかけ」全集第7巻259ページ）。パリ・コミューンが敗北すると、この「未来社会数世紀先論」を出した。

私は『内乱』の未来社会論は、すでに述べたように人類史的課題を提起したものであると理解する。同時に、労働者階級は革命に敗北しても失望するな、戦いは長いのだという激励としても読む。

ベルンシュタインが利用した『内乱』

しかしここで注目するのは『内乱』がかつて「改良主義」を助長したことである。

エンゲルスが死去すると、ドイツ社会民主党の指導者であるベルンシュタインが直ちに一連の論文を書き、それらを『社会主義の諸前提と社会民主主義の任務』に纏めた。彼は一連の論文の一つで「運動がすべてであり、最終目標はない」とし、当面の課題に取り組めばいいのであり、目標を掲げる必要はないという有名な命題を唱えた。そのため「改良主義者」、「修正主義者」といわれてきた人物であるが、この命題を唱える際の論拠の一つにしたのが実は『内乱』であった。

ベルンシュタインは、経済の発展とともに社会構造が変化し、労働者も複雑に「分化」したことをもう一つの論拠としていた。それは今日的問題として検討すべき点があるので後でもう一度もどることとして、ここでは『内乱』問題だけをみてみたい。

ベルンシュタインは、マルクスが『内乱』で労働者が自分の解放をなしとげるには「環境と人間をつくりかえる一連の歴史的過程を経過しなければならない」と述べているところを、その前後を含めて引用したあと次のようにいっている。

「最終目標にかんするあの文言を書き下ろした際に私の脳裏にあった考えというのは、全面的にというわけではないにしても、根本思想においてはこの見解（『内乱』の主張――引用者）なのであった。というのも、結局のところこの見解が述べているのは、運動、つまり一連の過程こそがすべてであり、それにくらべてみれば、あらかじめ細かく固定されたいっさいの最終目標などは非本質的である、ということ以外のなんであろうか」。

「運動の結果を先取りして述べる理論が、運動の理論の原理的方向や性格を規定する一般的陳述としての目標を乗り越えるとなると、それは、必然的にいつもユートピアごっこに堕してしまうのであり、いつかは、運動の真の理論的・実践的進歩を妨げたり阻んだりする障害と化するであろう」（以上、『社会主義の諸前提と社会民主主義の任務』250ページ、ダイアモンド社）

ベルンシュタインの「根本思想」は、運動の結果を先取りして結果だけを描いてみてもユートピア争いになるだけであり、当面の「行動綱領」さえあればいいということにある。というのはマルクスは「最終目標」を呈示したが、それは数世紀を必要とする「人間のつくりかえ」によってはじめて実現されるのであるから、過程こそが重要であり目標は意味のない「非本質的」問題になるということである。

付言すれば、ベルンシュタイン自身が「最終目標」をまったく持っていなかったのかといえばそうではない。「私ははっきりと資本主義社会から社会主義社会への移行といっている」と述べている（同右192ページ）。しかしドイツの党の歴史を知っている者なら誰でも、「最終目標」の内容について党が「ユートピアごっこ」をやってきたことを知っている（既述したような国有化論、協同組合論、分配問題論等々）。「党が大きくなったのは、たえずこの種の理論に逆らって行動してきた結果」であったとしている（同右250ページ）。ベルンシュタインにとって『内乱』は格好の材料となったわけである。だが、今日的にはそれぞれの側に言い分がある問題であろう。

レーニンがとった態度

レーニンはベルンシュタインを激しく批判した。ベルンシュタインを念頭に入れたものではないが、十月革命後、『共産主義の「左翼主義」小児病』で同質の問題について次のように述べている。当時、ドイツに「もったいぶった、まったく博識ぶった」（レーニン）左派のグループがあった。それにたいしていった言葉である。

共産主義は「どの方面の知能も発達した、あらゆる面の訓練をうけた人々、なんでもすることのできる人々を教育し、訓練し、養成する」ことを「めざしており、まためざさなければならず、それに達するであろう。しかし、それは、ただ長い年月を経たのちのことである。完全に発達し、完全に強固なものとなり、完全に形を整えた、完全に展開した共産主義のこのような未来の結果を見越して、こんにち、実際にやってみようとするのは、四歳の子供に高等数学をおしえようとするのも同然である」。

だから「われわれは現実離れした、またわれわれによって特別につくられた人間的素材からではなく、資本主義が遺産としてわれわれにのこしたものから社会主義を建設しはじめることができる（そうしなければならない）。これが非常に「困難」なことは、いうまでもないが、この任務への別の接近の仕方は、それについて述べるに値しないほど、ふまじめなものである」（全集第31巻35～36ページ。訳は一部変えてある）。

ベルンシュタインは、目標達成があまりにも長期にわたるものなので目標より過程が重要といい、一方ドイツの左派は、結果を先取りした目標をいますぐ実現しようと革命的に勇ましく振る舞う。マルクスの共産主義論を理解しつつ、いまの現実から出発して日々の運動を進め、実現可能な未来社会の目標へむかって前進していこうとする姿勢が最も重要なことである。新しい経済社会の具体像は改良に改良を積み重ねて初めて分かるとか、新しい経済社会（最終目標）は描けないというのでは、事実上の資本主義容認論となる。家の設計図が頭にある棟梁がいるから家が建つのであって個々の大工だけでは建たない。共産主義はみなを棟梁にするものである。レーニンはここでは資本主義の母斑をもった人間でしか共産主義の「第一段階」はつくれないという、マルクスの『ゴータ綱領批判』を念頭に入れて発言しているといえる。

『ゴータ綱領批判』とソ連崩壊後の一主張

次に『ゴータ綱領批判』についてみてみよう。ソ連崩壊後、ロシアで次のような議論が現われた。「社会主義社会」（共産主義の第一段階）という社会は存在せず、あるのは「共産主義社会」（「自由の王国」）だけである。歴史の発展は資本主義から共産主義の高い段階へ移行するのであって、従来いわれてきた「社会主義」という概念は見直しが必要である。社会主義は「過渡期」にすぎない、とする議論である。『内乱』の立場に近いと読める。この過渡期（社会主義）は「革命と反革命、新社会の最初の萌芽、その陳腐化とまた新たなものの出現、改革と反改革、進歩と後退」等々の「非直線的」過程であるとする。したがってこの過程でソ連崩壊ということもありうるという主張でもある。

またこれと同じことだが、「社会主義社会」は過去にも存在しなかったし現在も存在しない、マルクスにあるのは「共産主義社会」だけであり、「社会主義」は「運動」にすぎないという主張もある（以上、『21世紀の社会主義』の収録論文。A・ブズガーリン（モスクワ大学経済学部教授）論文「異変種的社会主義から『自由の王国』へ」およびV・メジューエフ（ロシア科学アカデミー哲学研究所主任研究員）論文「社会主義――文化の領域」、モスクワ、２００９年）。それぞれソ連社会をどう見るかを根底において発想された議論であるが、理論上、社会主義社会を排除することはできない。

かつて毛沢東時代の中国も「文化大革命」の前後に、社会主義段階でも「階級闘争」は続くのであり、資本主義から共産主義への移行が正しい移行論であり、社会主義は「過渡期」であると主張していた。これは「文革」期の「武闘」合理化論からでたものであった。スターリンは周知のとおり、ソ連は社会主義を建設し共産主義への移行が始まっているとした。それぞれ政治的動機によって発想されたものである。

レーニンと『ゴータ綱領批判』

レーニンは『ゴータ綱領批判』のなかで、マルクスが展開している資本主義から共産主義へいく全過程の分析の科学性に驚嘆している（『国家と革命』）。

「マルクスは、共産主義についての問題を、自然科学者が、たとえば生物学上の新しい変種は、これこれの仕方で発生し、これこれの一定の方向で形態変化することを知って、この変種の問題を提起するのと同じようにして、提起している」（新日本文庫116ページ、全集第25巻495ページ）

共産主義社会を二段階に区分したことについても次のように述べている。

「マルクスの解明の偉大な意義は、彼が、ここでも一貫して唯物弁証法、発展の学説を適用し、共産主義を資本主義から発展してくるものとしてみなしているところにある。スコラ的に考えられ、「つくられた」規定や言葉についての実りのない論争（社会主義とは何か、共産主義とは何か）のかわりに、マルクスは、共産主義の経済的成熟度の諸段階と呼ぶことのできるものを分析している」（同右134ページ、509ページ）

しかしレーニンは、『国家と革命』でこの「経済的成熟度」のなかからとくにマルクスが述べた分配の問題をとりあげ、未来社会を分配の角度から論じている。近年、この点に関連して、それは未来社会を分配問題に切り縮めるもので、誤りであるとする批判が強くだされている。

「生産物の分配方式――まず「労働におうじて」の分配、ついで「必要におうじて」の分配、こういう形で生産物の分配方式のちがいによって未来社会そのものを二つの段階に区別するという考えは、レーニンの解釈であって、マルクスのものではありません」（『日本共産党第二三回大会決定集』２００４年）

そしてマルクスもエンゲルスも「未来社会を人類の「本史」――本来の歴史にあたる壮大な発展の時代ととらえ」、その主要な内容は「人間の自由な生活と人間的能力の全面的な発展」等であるとした（同右）。

私はこのことに異論をもつものではない。またレーニンが国家の死滅問題を「国家権力機能の社会への返還」問題ではなく分配問題を中心にして考えていたことも誤りだと思っている。

『ゴータ綱領批判』の意義について

私はここで『ゴータ綱領批判』の理論的意義を考えたいと思う。すでに述べたようにマルクスは、『ゴータ綱領批判』でドイツの党が生産手段の社会化を抜きにして分配についてのみ関心を集中しているのを批判した。「俗流社会主義」は「分配を生産様式から独立したものとして考察し、また扱い、したがって社会主義を主として分配を中心とするものであるように説明する」が、それは「ブルジョア経済学者」から「受け継い」だものであると述べている（全集第19巻22ページ）。

マルクスはこの前提のもとで、先に詳しく引用したように共産主義社会の分配問題を論じた。しかし『ゴータ綱領批判』の未来社会論への最大の貢献は、生産手段の社会的所有という同じ一つの社会構成体であっても、旧社会の母斑を「経済的にも道徳的にも精神的にも」もつ「第一段階」と、それ自身の土台のうえに生まれる「より高い段階」とがあることを明らかにしたことにある。これによりいくらかでも現実味ある未来社会をめざすことができるようになったことである。

『ゴータ綱領批判』はマルクスが現実的に未来社会を論じた唯一のものである。『資本論』は資本主義から未来社会が生まれざるを得ない必然性を純理論として明らかにしたものであり、『内乱』は人類史的課題を提起したものであり、その課題を追求する過程で当面せざるを得ない問題を現実的に解明しようとしたのが『ゴータ綱領批判』である。マルクスはここでも商品・貨幣関係(市場)は生産手段が社会化されれば消滅すると考えていたが、より現実的に未来社会を追求したマルクスの功績は大きい。

ソ連崩壊後、社会主義が「死語」になっているからといって、社会主義段階を理論的に抹殺することはできない。現在の資本主義を克服してできる社会が、共産主義社会の低い段階の社会であることに疑いをはさむ余地はない。日本共産党の現在の『綱領』も民主主義的変革の「次の段階では、資本主義を乗り越え、社会主義・共産主義の社会への前進をはかる社会主義的変革が、課題となる」と述べている。次章でみる「現代の未来社会論」は、その「社会主義的変革」のことである。

第六章

資本主義の現状と「しのび寄る」未来社会

資本主義の「文明化作用」とその反逆

いま資本主義は「行き詰まり」をみせている。私は二〇一二年に、先進資本主義国は「ゼロ成長」ないし「長期低迷」を続けており、資本主義は終焉を迎えつつあり、「今日の時代は客観的には新しい社会への移行期にある」と書いた（『マルクス主義と福祉国家』大月書店）。

内田樹氏は「朝日新聞」のインタビュー（2016年1月5日付）で、「いまはどのような時代でしょうか」という質問にたいし次のように答えている。

「移行期です。地殻変動的移行期の混乱のなかにある。グローバル資本主義はもう限界に来ています」。その根拠を氏は「成長がありえない経済史的段階」に来ているからであり、「まだ成長の幻想を見せようとしたら、国民資源を使いはたすしか手がない」からであるとしている。

実は日本で先進資本主義国は「ゼロ成長」の段階に入ったという時代認識を早くから示していたのは、碓井敏正氏（京都橘大学名誉教授）と大西広氏（慶應大学教授）である（例えば両氏の共著『格差社会から成熟社会へ』2007年、大月書店）。このことは明記しておきたい。

もちろん財界と、それと結んだ政権が事態を放置しておくことはしない。反動的な巻き返しをし、国民が獲得した成果を切り崩し（社会保障制度の破壊等）、また新たな犠牲を労働者に押し付ける（非正規雇用労働者の急増、「働き方改革」等）。政治的には憲法改悪の企てに示される反動攻撃である。したがって民主主義的課題の実現のための闘いがますます重要になっている。移行期にあるのだから未来社会をめざす直接の闘争がいま必要であるとするのは、まったくの主観主義である。同時に未来社会の内容について理論的展望をもっていなければ、改良による改良のための闘いになり、その日暮しの確信のないものになる。そこでこれから未来社会――最も近い未来社会――の問題を検討したい。

一、現在の日本資本主義のもとでの国民的要求は何か

現在の日本社会で国民が要求しているのはなんであろうか。未来社会を論ずるといっても、出発点はそこにある。現代資本主義はマルクスの時代よりはるかに複雑になっている。各論的要求は別として太い柱として次のように纏められるのではないだろうか。

1＝公正な分配を！　格差社会問題。
2＝ディーセント・ワーク！　人間らしい働き方問題。
3＝安心して老後をすごせる社会を！　高齢者社会問題。
4＝社会保障制度の切り捨て反対！

5=原発ゼロを！　エネルギー問題。

6=自然環境の保護を！　エコロジー問題。

7=ジェンダー問題。女性の権利の確立。

マルクスの時代の要求はなんであったか。マルクスは一八八〇年にフランス労働党の「綱領」を書いた。生産手段の社会化を「綱領」の目的としたが、具体的な「最小限綱領」の経済要求はフランス人の相談にのり以下のようにした。

1=八時間労働制。

2=法定の最低賃金制。毎年の食料価格におうじて決める。

3=男女同一賃金。

4=国家と市町村の負担での児童の科学・技術教育。

5=労働者の共済基金、保険基金の労働者への返還と自由な処理。

6=災害事故にたいする企業主の責任制。

7=就業規則の作成への労働者の参加。

8=国営仕事場の運用を労働者にまかせること。

9=いっさいの間接税の廃止、累進税の強化（全集第19巻598ページ）。

誰がみても大きな違いがある。表現の仕方の問題もあるが、高齢者社会問題、エネルギー問題、環境エコロジー問題、ジェンダー問題はマルクスの時代にはなかった。同時に最低賃金制、男女同一賃金、間接税・累進税問題はいまと変わらない。八時間労働制は実現したが、実際には破れ過労死を生んでいる。

この「綱領」より約一〇年後の一八九一年、エンゲルスが指導してつくったドイツ社会民主党の「綱領」の主要な社会・経済的要求（ベルンシュタインが執筆）もほぼ同様である。

社会的要求
1＝公教育の無料化。
2＝医療と医薬の無料給付。
3＝累進税、資本税、相続税の設定。いっさいの間接税の廃止。
労働者保護のための要求。
1＝八時間労働制。
2＝一四歳以下の児童労働の禁止。
3＝夜間労働の禁止。
4＝毎週一回すくなくとも連続三六時間の休息。

5＝実物給与制の禁止。
6＝労働者保険の管理への労働者の決定力をもつ参加（全集第22巻601～602ページ）。

教育と医療の無料化が入っていることが特徴的であるが、以上のことから全体としてなにがいえるであろうか。

二、資本主義の「文明化作用」とその反逆

フランス労働党の「綱領」から今日までの約一四〇年間に資本主主義は大きく変わった。資本主義はあり余るほどの物質的富をつくりだした。マルクスのいう資本主義の「文明化作用」は、自動車、家電など耐久消費財をすべての国民にいきわたらせ、労働者も家を持ち、またIT産業を発展させ新しい情報手段をつくり個人生活の利便性を著しく高め、いまやAI（人工知能）時代の到来がいわれるようになっている。

高齢者社会も資本主義の「文明化作用」がつくりだしたものといえる。医学の発展と医療器具・医薬品の発展、さらに農業技術の発展と栄養事情の抜本的改善がもたらしたものである。

マルクス、エンゲルスによると、その時代の湿式研磨工の平均寿命は四五歳であった（エンゲルス）。パン焼職人の場合は四三歳であった（マルクス）。それに比較すると、現代はいかに資本の「文明化作用」によって物質的富とサービスの発展の恩恵を受けているかがわかる。

しかし、「文明化作用」が「利潤第一主義」のもとで進行したことは、資本主義と国民の間の矛盾をかつてなく拡大した。高齢者社会問題がそうである。原発問題も、地球環境破壊・資源の枯渇をもたらすエコロジー問題もそうである。まさに「文明化作用」の反逆である。それにどう対応していけばいいのだろうか。

高齢者社会への対応の二つの流れ

筆者が高齢者であるので恐縮だがまず高齢者問題をとりあげる。総務省の発表によれば昨年、日本の六五歳以上の高齢者は三五〇〇万人、人口の二七・七％である。また高齢者問題は思わぬところで現役労働者を苦境に陥れている。経済産業省によると、経営者が六〇歳をこえても後継者がなく廃業を余儀なくされる中小企業が一二七万社あり、二〇二五年ごろに六五〇万人分の雇用が失われるといわれている（「朝日新聞」２０１８年3月22日付）。

高齢者自身の問題を解決するには、充実した年金制度の確立、医療費の低廉化（あるいは無料化）、充実した介護ネットワークの確立が欠かせない。ところが政権は（西ヨーロッパでも）それらを充実するのではなく破壊している。いくらかでも充実できたのは、経済成長期に国民の闘いがあってのことであった。いま低迷期にはいり資本は譲歩しなくなっている。これにたいして闘いがおこなわれているが、私見では二つの闘いの流れがある。

一つは、高齢者を守るために政権の破壊攻撃を阻止し、さらに一層の充実にむけて要求闘争を展開する流れである。

二つには、現実にいま困っている高齢者を助けなければならないということで非営利の自主的組織をつくり奮闘している流れである。ＮＰＯ、各種協同組合その他の諸組織である。

私はどちらも重要であると考えているが、往々にして実際にそれに取り組んでいる人々の間で齟齬があるのを見聞きする。高齢者の医療、介護という仕事は市場経済に最も馴染まない分野であり、資本主義擁護政権は基本的に高齢者に冷淡である。高齢者の病気やケガを治しても、もはや資本家はそれを労働力として使うことはしないからである。要するに資本にとって高齢者は厄介者なのである。そこで営利を原則として追求しない自主的諸組織が現実には大きな役割を果たしている。これは資本主義ではない「新しいシステム」の萌芽が生まれていることを意味している。静かに未来社会は「しのび寄って」きている。このような状況からいくつかのことがいえる。

第一に、要求闘争によりこれ以上の社会保障制度の破壊を許さず、諸制度をかつての水準に戻さなければならない。それ以上の充実をはかるためには消費税増税もやむをえなくなる（非営利組織の重要性は再論する）。

第二に、充実した福祉社会をつくるためにはスウェーデン、デンマークのような国づくりに転換する必要があるという見解がかなり広がっている。そのためには直接税五〇％、消費税二五％を覚悟しなければならない。それでも両国で近年、年金カットをせざるをえなくなっている現実もみておかなければならない。またデンマークは人口五〇〇万人、スウェーデンは一〇〇〇万人である。こういう小国は、資本主義であれ社会主義であれ、うまく統治できなければ近代国家としては失格である。日本を西ヨーロッパと比較するときは、やはりドイツ、フランス、イギリス、イタリアなどの大国の状況をみる必要がある。

第三に、高齢者社会の根本的解決のためには、富とサービスの生産が「利益第一主義」ではない新しい経済システムが必要になってくるということである。

第四に、公的責任での年金の充実、医療・介護の充実のための闘いによって「資本主義の枠内」で獲得できる水準と、それを越えた「新経済システム」でなければ実現できない水準の間に「万里の長城」があるわけではないことである。それを選択するかどうかは、政治的には国民的合意によるものであるが、客観的には資本主義は次の社会に席を譲らなければならないところまできているのは確かなことである。

高齢者社会とは別に、いま子育て支援、教育、福祉等々の分野、すなわち人間を対象とする分野での労働が広がり多くの人材を必要としている。これらの分野も本来的には資本の論理に馴染まない。長くなるので説明は省かざるをえないがここでも未来社会は「しのび寄って」きている。

エコロジー問題について

原発事故に典型的に現われた環境破壊は、生産力の発展について根源的に考える必要性を提起した。

現代の資本主義は石油と天然ガスを使って生産力を巨大に発展させた。さらに地球温暖化と無関係であるとして、ついに原発が使われるようになり、そして大悲劇が起こった。自然と人間の関係が根本的に問われるようになった。マルクスは『経哲手稿』で生産関係の問題と同時に「人間と自然の調和」を取り戻すことを主張したが、いまはそれが現実の問題になり「原発ゼロ」、「再生可能エネルギーへの転換」が国民的要求になっている。

しかし財界と政府は、「ベストミックス」をつくるとして拒否している。なぜか。原発はいうまでもなく石油、天然ガスは巨大企業による独占がしやすい。水力、風力、太陽熱の利用は独占資本でなくても地域社会レヴェルでも可能であり、それへの転換はエネルギー独占を崩すからである。エネルギーを独占することは独占資本主義を発展させるうえでの要となってきた。これを手放し、市民社会へ還元することなど、独占資本にとっては許されるものではないからでる。資本主義は人間と自然とにも親和的ではない。

この点で極めて興味あるのは藻谷浩介氏の『里山資本主義』（２０１３年）である。よく読まれた本なので周知のところであるが、あえてくりかえせば岡山県の山あいにある人口五万の真庭市は、伝統的な製材業が住宅建設の方法が変ったため長期低迷を続けていた。しかし製材の過程でる木くずをエネルギー源として製材所で発電し市民に電力を供給した。そのため温室の適正利用が可能になった農業や、関連事業が発展し市を活性化させた。もちろん森林を伐採し続けるなら自然は破壊される。そこは木材発電がもっとも発展しているオーストリアが伐採と同時に植林を計画的におこなっている経験を学んでいるとのことである。

これは原発・石油・天然ガスにたよる「大工業主義」への痛打である。また偶然の一致であるとしても、経済の「長期低迷」が続き資本主義が生産力発展の歴史的使命を果たしたあとの社会を探究する一つの試みといえる。たしかに「材木発電所」を最初に作ったのは従業員二〇〇名を雇う西日本で最大の製材業者である。この人物の個人的性格は知らないが、いま大企業の下請けで苦しむ中小企業では、社長と従業員が一体となって会社を守り発展させようと懸命な努力をしていることは、テレビの「下町のロケット」をみれば明らかである。「里山資本主義」は人間と自然に親和的であり、エコロジー的未来社会の萌芽形態といえるのではなかろうか。また中小企業の未来社会における企業形態は、事業主と従業員との話し合いと合意によって決められてしかるべきものだと考える。

非営利諸組織の発展と「ソウル宣言」

こうした潜在資源を利用して地域を活性化させる例は福井県池田町（森林とゴミの利用）、山形県置賜自給圏推進機構（森林と農業の有機的活用）等々、いま全国に広がっている。また岩手県宮古市・重茂漁協は、東日本大震災のとき、資源（海と魚）に加え漁船の共同使用によって復興をなしとげた（以上、丸山茂樹『共生と共歓の世界を創る』社会評論社、２０１７年）。

また生産協同組合、ワーカーズコレクティブ、医療・介護の福祉協同組合やＮＰＯなど非営利の市民組織が拡大し、さらには地域の子どもたちが誰でも自由に利用することができる「子ども食堂」運動が発展している。社会的弱者の自立支援のための社会的企業も広がっている。また株式会社組織ではあるが、障害者のための企業や障害者のための用具を生産する会社が貴重な活動をしている。こういう会社を所有形態からだけみて資本主義企業といえるのか、社会的目的からみてこれも「社会的企業」というべきであるという問題も提起されている（重本直利編著『ディーセント・マネージメント』晃洋書房、2015年）。

このように大企業の外に社会的目的のために共同して活動する諸組織が拡大していることは現代の特徴である。これら諸組織が、その趣旨に賛同・協力する地方自治体と連携して活動し、地域共同体をつくることを「社会的経済」と呼んでいる。あきらかに社会を変革する動きである。

これは世界的にもみられる現象で、二〇一三年に韓国のソウルで初めて世界大会が開かれ「ソウル宣言」が採択された。二〇一六年にはカナダのモントリオールで世界大会が開かれ、「モントリオール宣言」が採択されている。これらの宣言の基本的精神は以下のようなものである。

「現在、世界は経済及び生態系が危機にさらされている。そこで我々は、社会的経済を通じ「よりよい生活」「よりよい世界」を構築することが不可欠だと考える。社会的経済とは、信頼と協力によりこれらの問題を解決し、共同体の連帯性を深める経済を指す」（モントリオール宣言前文。丸山著前掲書より）

ソウル大会は一八か国、四三団体の参加で開かれたが、モントリオール大会は六一か国、三三〇都市から一五〇〇〇名が参加している。

こうした運動の嚆矢が、スペイン・バスク州の山間地の小さなモンドラゴン市で生まれたモンドラゴン・協同組合グループである。その中心は家電製品生産協同組合のファゴールであり、家電製品ではスペインで一級の地位をしめた。ファゴールはグローバル化とユーロ危機の影響で二〇一三年に倒産したが、一〇〇近い協同組合がこの地域の経済を支えている。非営利諸組織の活動も未来社会の「しのび寄り」であることは確かである。

分配とディーセントワーク

これまでマルクスの時代にはなかった問題をみてきた。しかし変わらない分野がある。それは分配の問題、労働条件の問題である。労働時間の制限、最低賃金制、男女同一賃金であり、また教育・医療の無料制である。第二次大戦後の高度成長期に各種の社会労働政策によって労働条件の改善、社会保障制度の一定の確立などがおこなわれ、マルクスの時代より量的にいえばその水準は当然変化しているが、項目すなわち質の問題としては一四〇年間、同じである。ここに資本主義の本質がよく現われている。この間にそれを打ち破った歴史的経験がある。

それはロシア十月革命によって生まれたソ連の経験である。ソ連は「官僚専制」の「人民抑圧社会」であったが分配の分野の問題では成果をあげた。

「社会保障制度をはじめ、国民の生活権、生存権が民主主義的権利の不可欠の柱として国際的にも認められるようになったことは、二〇世紀の人類の進歩の重要な側面をなしていますが、十月革命後のソ連における達成がこれらの世界的な進歩の出発点となったことは、理論的な立場を異にする人びとからも広く指摘されていることであります。

たとえば、（憲法学者の）宮沢俊義氏は、社会権が一般的に承認されるようになったのは、第一次世界戦争以後のことで、ソヴィエト・ロシアにおける権利宣言の影響のもとに、ヨーロッパ諸国の憲法が『すべて多かれ少なかれ社会国家の理念を承認し、その表現として、権利宣言のなかで各種の社会権を宣言・保障』するようになったと、そのこと（十月革命の意義）をはっきりと指摘しています」（日本共産党第二〇回大会決定、１９９４年）

「経済成長時代から公正な分配の時代へ」の問題点

「経済成長時代から公正な分配の時代へ」。このスローガン的命題が近年よくきかれる。

現在がこの転換の時代にあることは間違いない。しかしこの新しい時代を前にすすめるためには大きな問題が潜んでいる。「経済成長期」には、資本家が成長を主導し労働者が闘争によってそのパイの分け前を受け取るという構造が長く続いてきたが、「長期低迷期」には資本は譲歩するという態度はとらない。労働者・市民が闘わなければ「公正な分配」は絶対に実現しない。よく学界レヴェルではアメリカのロールズの「正義」論やインドのセンの「平等」論が労働者・国民を主導する「理念」になるとされる場合が多い。その規範をかかげることに異論はないが、国民の心にどっしりとすわる「理念」となるのだろうか。新自由主義が撒き散らした「自己責任」というイデオロギーは、労働者にかぎらず圧倒的多数の人々の心をとらえている。その結果、かつてのように労働者が団結して会社にあたるという行為がなくなり、自分の給与が低いのは自分が「結果をのこしていないからだ」とか、「会社が潰れたら元も子もない」として、問題を自分に還元してしまう。

現実には大企業は巨額の内部留保をもち、またタックスヘイブンに儲けを隠し莫大なカネを溜め込んでいる。しかしタックスヘイブンの秘密文書が暴露されても、それに怒る労働者はどこの国にもいない状態である。思想的に新自由主義に負けている。個別の要求をかかげても、それを実現するための力がないかぎり結果はでない。こうしたイデオロギー状況において労働者としての、市民としての思想・意識を確立する努力をしないかぎり、「公正な分配の時代」は「不公正」をますます拡大する時代になる。資本主義を徹底的に暴露し実現できる未来社会を呈示することが、労働者が変革の思想をもつ要になることを改めて強調したい。

なぜ未来社会か

そのさい重要なのはなぜ未来社会なのかということである。ヨーロッパでは資本主義のもとでも社会保障等々が充実しており、生活問題は資本主義の枠内での改良で解決されるという主張がある。スウェーデン、デンマークのことは述べたが、ヨーロッパの大国はどこでも経済成長の「低迷期」に入り、社会保障制度の切り捨てがすすんでいる。確かに西ヨーロッパ諸国では残業なし定時退社は完全に定着している。日本の長時間労働・過労死は先進国としては世界的な恥である。しかし、ヨーロッパ資本主義を全体として特別視するのは誤りである。生活問題を抜きにした未来社会論はありえない。

福祉社会の確立をめざす運動のなかで「人権」、「生存権」という権利規範を掲げて政府に要求すればなんでも実現できるかのようにし、経済システムを問題にしないことがよくある。運動としてそれを掲げるのは当然だが、価値規範を現実のものにするための理論を失ってはならない。権利は社会の経済構造とその国の文化の発展より高度ではありえない。

未来社会のシステムは人間の福祉（well-being）のために生産をおこなう社会制度である。それは、労働者が生み出す剰余価値を資本家がすべて自分のものにする経済システムではなく、労働者がそれを自分のために使うことができる経済システムである。だからこそ生活問題を根本的に解決できる。さきに非営利の諸組織の重要性を述べた。その大きな発展を望むものであるが、同時に根本的には、こういう経済システムに社会全体を変えることによってこそ「福祉社会」が確立されることも確かなことである。

ところで資本主義の後に最初に来る「経済システム」はマルクスによれば社会主義社会である。しかしこの社会主義についてはソ連崩壊後、多くの国民が成立不能な社会だと思っているし、多くの疑問をもっている。そこで私自身が社会主義についてもつ疑問を呈示しながら、答えを見つけだそうと思う。〝いまごろ社会主義をいう人は誰もいない、時代遅れだ〟という非難がすぐ聞こえてくるが、それでは別にどういう道があるのか。社会民主主義か。これもその可能性と限界は決着がついている。これまでの経験は総括すべきである。二〇〇歳のマルクスもその点で異議はないであろう。

第七章

「社会主義への疑問」と展望
―所有形態をめぐって

ソ連崩壊前のマルクスと
崩壊後のマルクス

二〇世紀前半に起こった資本主義の危機は、「社会主義」と「ファシズム」を生みだした。人類の敵であったファシズムは、第二次世界大戦で世界の民主主義勢力によって打ち砕かれた。その後、先進資本主義国では労働者・国民の闘いによっていわゆる「福祉国家」を闘いとった。資本主義は大きく後退を余儀なくされた。資本にとっては労働者を資本主義の枠にとどめておく新たな手法を発見しなければならなくなった。

資本は一九八〇年代半ばから大きな巻き返しにでた。新自由主義の名による反動的巻き返しと、IT産業の発展による社会構造の変化によって、従来型の労働運動では対応できない事態をつくり労働運動は停滞した。そこに二〇世紀をあと一〇年残したところでソ連が崩壊した。資本は世界的規模で総反撃にでてきた。なによりも福祉国家を崩壊させていくという攻撃である。さらに、「社会主義は崩壊」し「市場経済」こそが人類普遍の経済システムであるという、圧倒的なイデオロギー攻勢が凄まじい勢いでおこなわれた。

この総攻撃を押し返さなければならない。なによりも理論軸をはっきりさせなければならない。

ソ連崩壊後の一九九五年に丸山真男氏は次のようにいっている。

「この頃、いよいよ本当の社会主義を擁護する時代になったなあ、という気がしてるんですよ。ソ連崩壊後、社会主義そのものがダメという風潮が出てきていますね。ボルシェヴィ

キだけが社会主義じゃない」（『図書』1995年7月号）

丸山氏のいう「本当の社会主義」とはなにか分からないが、「ファシズム」を倒したものの「社会主義」も崩壊した現実をみて、まず私自身が持っている社会主義への疑問をだしてみよう。

一、ソ連崩壊前のマルクス

国有化をめぐる私の疑問

社会主義とは生産手段の「国有化」と「計画経済」だといわれてきた。ソ連崩壊後、これは「国家官僚」が中央集権的計画経済で企業と労働者を従属させる「統制経済」体制であり、資本主義的私的所有は廃絶されたものの別の支配者（党と国家官僚）が現われ労働者は解放されなかった、まさにそれゆえにソ連は崩壊したとするのが、現在の一般的「社会主義論」である。それでは「国有化」、「計画経済」がそもそも間違いだったのか、あるいはソ連が間違ったのであって、マルクス、エンゲルスは正しかったといえるのか。これが第一の疑問である。

この問いにたいし社会主義を擁護する立場から、マルクスが展望していた未来社会はまったく違うものであり、ソ連の誤りであったとする見解がマルクス主義者のなかではかなり一般的である。しかし、「マルクスが展望」した未来社会は既に論じたように二段階あり、高次の段階をもってマルクスの展望とするなら、それは私自身やまた世間一般がもっている疑問に答えるものではない。もっとよく詰めて考える必要がある。そうしないとソ連告発——ソ連が間違っていたことは誰も否定しない——だけに終わり近未来の社会（社会主義）の展望がでてこない。

そこでまず国有化の問題から検討したい。そこには二つの問題がある。

まず、そもそも国有化は誤りなのかどうかという問題である。私は社会主義における生産手段の所有形態は国有化だけとは考えておらず、多様な形態をとると思っている。しかし国有化そのものを誤りとするのかどうかというのが第一の問題である。

もう一つは、国有化すれば国家の官僚が必然的に生産の主役になるのかという問題である。後者の問題は社会主義企業とはどのような新しい「生産の組織形態」のもとで活動するのかという問題と結びついている。換言すれば労働者がどのようにして「生産の主役」になりえるのかという問題である。

結論から先にいえば、国有化はマルクス、エンゲルスも強く主張したことのあるもので、ソ連を批判するなら両者への批判は避けられないはずである。ソ連崩壊前にはこの問題に疑問を感じた人はごく僅かであった。社会主義企業の「生産の組織形態」問題についてはマルクスの念頭にはあったが具体的なことは述べていない。

国有化は誤りか

まず第一の問題をみてみる。マルクス、エンゲルスは『共産党宣言』（1848年）で国有化を打ち出し、「第一インターナショナル創立宣言」（1864年）では「協同組合」とくに「協同組合工場」を打ち出した。このことはすでに述べたところであるが、その後また国有化論を強く主張した。マルクスも責任を負っているエンゲルスの『反デューリング論』（1878年）がそれである。その後一八八〇年、さらにマルクスは、「すべての生産手段を集団（労働者集団――引用者）に返還させること」という「集団所有」を提起した（「フランス労働党の綱領前文」全集第19巻235ページ）。要するに、マルクスはいろいろ「青写真」を描いたが、定見は示さなかったということである。また態度変更にあたりその説明はしていない。そういう状況のなかで国有化論を取り出してみると、『反デューリング論』では次のように明確に述べている。

（生産手段の大規模化によって）「社会以外のなにものの指揮の手にも負えないほどに成長した生産力を、社会が公然と、あからさまに掌握するよりほかに道がない」。「国家は全社会の公式代表者である」。（したがって）「プロレタリアートは国家権力を掌握し、生産手段をまずはじめに国家的所有に転化する」（全集第20巻２８８～２８９ページ）

マルクス、エンゲルスは、国家は「眠りこみ」、「死滅」するものであると考えていたが、その結果を見越して生産手段の「国家的所有」を飛び越えることはしなかった。エンゲルスは『反デューリング論』を要約した『空想から科学への社会主義の発展』のなかで「国家が現実に全社会の代表としてあらわれる国家としての最初の行為――社会を代表しての生産手段の掌握――は、同時に国家としての国家の最後の自主的な行為である」と述べている（古典選書87ページ）。マルクス、エンゲルスは、国家のこの「最後の自主的行為」のあと、社会的諸関係への国家権力の介入は一分野から他の分野へと徐々に余計なものになって、ひとりでに眠りこむとした。

ソ連崩壊前は、社会主義を論ずる場合、ほとんどみながこのように説明していたものである。したがって、もし国有化が誤りであるとするなら、このマルクス、エンゲルスの国有化論も批判すべきであるのは当然である。

ソ連の誤りは、国家を「眠りこませる」のではなく、ますます強化したところにあったという議論もある。それは、すぐあとにみる政治に関連した別の次元の問題になる。

ソ連は「一国社会主義」の道を進まざるをない国際環境のもとで、強力な経済国家をつくることを避けてとおれなかった。そのためには国の工業化が喫緊の課題であった。第一次五か年計画の五年間（1928年―1933年）だけで一五〇〇の大企業が建設された。それは帝政ロシアには存在しなかった新部門の建設であった。工作機械、自動車、トラクター、化学工場、航空機工業、強力タービン、発電機、鉄合金、合成ゴム、窒素、合成繊維等々である。これらすべては、初めから国家資本による「国有企業」として創設する以外、道はなかった。私的にあるいは個別集団的につくれるわけがなかった。これを誤りだとすれば極めて世離れした話になる。私は「国有化」そのものが誤りであるという見解はとらない。問題は第二の点にある。

自治に委ねられても中央政府は残る

ソ連の工業化は、労働者の総意ではなく強力な国家権力の発動によっておこなわれた。これは本来的には避けることができた政治的誤りである。この過程でスターリン政治体制が成立し、国有企業が「全社会の代表」としてではなく「国家官僚」の支配下におかれた。このためソ連では労働者が「生産の主役」になれなかった。そこで生産手段を法的に労働者階級の「所有」とするだけではなく、それを労働者が「管理・運営」していくことが重要であるという問題が大きくクローズアップされるようになった。この問題を、ソ連論としてではなく社会主義の問題として検討したい（ソ連論としてはすでに多くの研究がなされている）。

まずマルクスの見方と「二〇世紀社会主義」の経験をみてみたい。

この問題は言葉でいうのは簡単であるが、労働者が実際に生産手段を所有・管理・運営し「生産の主役」になるというのは、実は「勝利し支配階級になった労働者階級が自分自身をどう管理するのか」という、人類が初めてぶつかる大問題である。これまでの社会は支配階級が被支配階級を支配・抑圧し生産を強制するものであった。今度は自分で自分を管理し、生産をしなければならない。これは実際にはそう容易なことではない。マルクスから答えを得ようとしても無理である。なぜならマルクスは実際にそれを経験していないからである。それでもマルクスが重要な観察と指摘を残していることはみておく必要があろう。マルクスはパリ・コミューンについて次のようにいっている。

「パリ・コミューンは、当然に、フランスのすべての大工業中心地にとって、手本とならなければならなかった。いったんパリと二流の各中心地とにコミューンの統治がうちたてられたら、古い中央集権政府は、地方でもまた、生産者の自治に席を譲らなければならなかったであろう」（『フランスにおける内乱』全集第17巻316ページ）

ここで注意すべきは、マルクスはその場合でもなお「中央政府」は残るとしていることである。

「その場合でもなお中央政府には少数の、だが重要な機能が残るであろうが、それらの機能は、故意に誤りつたえられたように、廃止されるのではなく、コンミューンの吏員たち、したがって厳格に責任を負う吏員たちの手で果たされるはずであった」（同右）

（パリ・コミューンは）「古い政府権力の純然たる抑圧的な諸機関は切りとらなければならなかったが、他方、その正当な諸機能は、社会そのものに優越する地位を簒奪した権力からもぎとって、社会の責任を負う吏員たちに返還されるはずであった」（同右317ページ）

マルクスがコミューンは「国家権力が……社会自身の生きた力として、社会によって、人民大衆自身によって再吸収されたものである」（『フランスにおける内乱』第一草稿全集第17巻514ページ）と述べたことから、資本主義後の社会では「中央政府」は必要ではなく、地域コミュニティーあるいはなんらかの形態の社会組織にすべてが譲られるというのがマルクスの考えであったという主張がよくみられるが、そうではないことに注意が払われてもいいのではないかと思う。もちろんマルクスと違ってもいいわけであるが、「中央政府」とは「国家権力機構」ではないということだけはおさえておく必要がある。

労働者が自分自身をどう管理するか

次にマルクスは吏員について述べている。ここで吏員というのは、コミューンの「市議会議員」と「警察」および「あらゆる行政府の吏員」のことである。

議員は、①普通選挙で選ばれ、②選挙民に責任を負い、③不適格であれば即座に解任され、④公務は労働者なみの賃金で果たさなければならないものであった。警察と行政府の吏員は、「中央政府」の「手先」ではなく、市民に「責任を負い、いつでも解任でき」、「労働者なみの賃金で」働かなければならなかった（前掲書315ページ）。

以上のことが実現できればそれだけで、労働者・市民にとっていままでとは見違える社会ができることはいうまでもない。

しかしマルクスは、労働者が生産点でどういう役割を果たすのかについては述べていない。『内乱』の「第一草稿」で「生産の新しい組織が必要である」（全集第17巻517ページ）と述べているだけで、その具体的中身についてはなにも言及していない。「協同組合の連合体が一つの共同計画にもとづいて全国の生産を調整し、こうしてそれを自分の統制のもとにお」くなら「それこそは共産主義、『可能な』共産主義でなくてなんであろうか！」（前掲書319～320ページ）と述べているのがすべてである。

実はこの問題は、いま述べたように「自分を自分でどう管理するか」という「二〇世紀社会主義」が悩んだ最大の問題であったといっても過言ではない。レーニンは十月革命後、労働者が直ちに企業を運営する能力をもっていないため、資本家を統制するという方法（労働者統制）を導入し、労働者が力をつけてから初めて企業運営ができるようになるという展望をもっていた。しかし、干渉戦争・内戦が始まって国家が強力な介入をせざるをえなくなり、この構想は実現しなかった。スターリンについては述べる必要はないであろう。

この問題がもつリアリズムを知ることが必要である。そのためにユーゴスラビアの「自主管理社会主義」の経験をとおして、この問題でなにがいえるかを検討してみることにする。

「自主管理社会主義」（ユーゴ）の経験

ユーゴスラビアも生産手段の国有化から始まった。しかしその後、管理・運営を企業に任す「社会有」と呼ぶ形態に変えた。これは企業の労働者の「集団所有」を意味するものではない。よくユーゴは「集団所有」であったといわれるが、それは間違いなのであらかじめ注意を喚起しておきたい。

この所有形態の変更にあわせて、ソ連の「官僚」支配とは違って、ユーゴの企業の最高意思決定機関は、選挙で選ばれた労働者代表で構成される労働者評議会であった。企業長も労働者が選挙で選んだ。実はこの労働者評議会は一九四八年に労働者自身が自発的、自主的につくりだし、一九五〇年に国家が追認する形でできた。その時の労働者の喜びは感動的なものであった（岩田昌征論文「ユーゴスラビアの歴史的意義を再考するために」参照。『ポスト資本主義を構想する』収録、本の泉社　２０１４年）。

しかし実際の経験が進むなかで、労働者評議会が当該企業の生産量、コスト計算、価格の決定、消費者の動向調査、新製品の開発等々を全従業員の意見を聞いて決定するのは、およそ不可能なことであることが明らかになった。そもそも、そういう問題に全員が関心をもっているわけではない。無関心な労働者も多い。実際には日々の企業運営には専門知識と高い技能をもった企業長を中心とした経営陣（テクノクラート）が必要である。したがってユーゴでは、経営陣がその意思を労働者評議会にはかり、その承認をえて実行に移すようにした。企業長に自由裁量の余地がある程度あっても、労働者評議会を無視することはできなかった。原理的にいえば労働者を生産手段の管理・運営から排除できない仕組みをつくった。これはユーゴの「自主管理社会主義」がもつ歴史的意義である。

それでも矛盾があった。労働者の最大の関心事は、ユーゴの世論調査でいつも明らかであったことだが、①分配問題、②住宅問題、③人事異動問題であった。一方、ユーゴは市場経済を基礎においたので（各企業が自主的に生産し販売するのであるから必然的に市場経済になる）、経営陣は当然、効率性の追求、市場競争、コスト削減等を必然とし、労働者への分配も抑制する方向にすむ。経営側がその意向を強化すれば労働者の側は不満をつのらせ、逆に労働者の要求が強ければ経営側は窮地に陥る。この矛盾がユーゴの「自主管理社会主義」にはつねにあった。

私がユーゴの実際を観察していて感じたのは、自主管理が一九五〇年から正式に始まって以来、ほぼ一〇年の周期で経営側の主張（市場経済）と労働者評議会の側の主張（非市場経済）が交互にいれかわって強調され、実行されていたことである。一九八五年に「危機的状況」の克服策にかんする世論調査がおこなわれた際、そのトップを占めたのは「強い国家統制」。投資と価格の統制」であった。ユーゴが「国有化」は「国権主義」を生むとして排除した意図と目的はよく分るが、結果として、社会全体の利益の軽視、市場経済にもとづく個別企業利益偏重に導き、ある種の「無政府」状態がおこった（ユーゴ自主管理社会主義の崩壊は外因によるという有力な説がある）。

以上が歴史的経過であるが、先進資本主義国が「自主管理社会主義」へ仮に移ったとしても、問題が起こらないわけではない。確かに先進資本主義国の場合、労働者は現実の労働のなかですでに管理能力と高い技能を身につけており、これまでの経験とは大きく違う。しかし過渡期においてはいうまでもなく、資本主義からいま生まれたばかりの共産主義社会の低い段階においても、人間（労働者）は新しい人間として成長していくことはもちろんであるが、同時にまだ「経済的、道徳的、精神的」に資本主義の「母斑」を持っており、社会の利益より個人の欲求を追求するからである。「生産の主役」になるには、それを阻止する誰それが悪いというのではなく労働者自身の問題としても捉えなければならない。ポーランドのワレサの自滅はその好例である。

二、ソ連崩壊後のマルクス

「二〇世紀社会主義」の崩壊後、マルクスにもう一度戻って社会主義を再考しようという機運が高まった。ユーゴの「自主管理社会主義」との関連でも、マルクスに戻って一つの構想が提起されている。

ユーゴの経験は二つの事柄を示している。一つは企業が「社会全体の利益」を考慮しないこと、もう一つは労働者に「労働のモチベーション」が欠けていることである。これをどう克服するかである。

その一つの構想に「株式会社・社会主義」論がある。それは「自主管理」の補完論ではなく、マルクスが『資本論』第三巻で、株式会社は未来社会への「通過点」であると述べたことが大きなよりどころになってる。これはあまりにも有名なことなので引用は避けるが、「所有と経営」が「分離」し、企業運営に資本家が必要なくなるという問題である。そこで「株式会社・社会主義論」とはなんなのか、その最も主要な主張点をみてみよう。この点では大西広氏の見解が非常に分りやすいので、それを検討してみる（論文「成熟社会における企業」。碓井敏正・大西広編『格差社会から成熟社会へ』収録。大月書店、2007年）。

株式会社・社会主義論について

この論は前提として所有とはなにかを問う。それは企業の生産手段を「持つ」ことより、誰が企業を「支配」し「決定」し運営しているのかという統治の問題が重要であるとする。

これは非常に重要な論点であると思う。私はソ連の「国家的所有」あるいは「全人民的所有」というのは、誰が持っているのでもない「無所有」であったと考えている。よくノーメンクラツーラが所有していたとかいわれるが、彼らに「所有」感覚はまったくなかった。私有財産として相続できるものでもなかった。もちろん労働者のものでもなかった。したがって「無責任」という状態が広範にひろがった。とくにブレジネフ時代、ペレストロイカ期は著しかった。

それでは実態はどうなっていたのか。ソ連共産党が企業を「支配」し「決定」し、生産を組織していた。これが実際の「国有化」の実態であった。したがって、経済主体でない者が経済を運営するという、極めて奇妙で、極めて異常な経済が生まれた。

私も、国有化であれ自主管理であれ、企業運営を誰が決定し支配しているかが問題になると考えており、「株式会社・社会主義」論の前提は、問題の所在を明確にするうえで重要な提起だと思う。ところでその内容についてであるが、株式会社では経営者が「資本の代弁者」となって決定権をもち支配している。しかし決定の独占権はさまざまな制約を受ける。最も重要な制約は株主から受ける。その際、企業は株の過半数を握っている投資家(実際には投資企業)の利益を守るために、少数の大衆投資家の利益を損なうようなことがあってはならないとする。また企業は、証券取引所をとおした株式の「公開性」を原則としなければならない。そうすれば企業は社会全体に監視され、市場経済で自由に振舞うことは制約され、社会全体のことを考慮せざるをえない社会的存在となる。一方、労働者の側からは労働契約の圧力、場合によっては企業からの退職あるいは雇われないという圧力をかけることができる。経営者は、労働者の労働へのモチベーションなしには企業をうまく運営することができないので、その要求を呑む。消費者が不買運動をおこすこともできる。こうして経営者は株主の利益や労働者の利益だけのためでもなく経営に真の責任を果たすために行動する。こういう道筋で企業は「全社会の所有物」としての実態を形成しえる。

　これが主要な論点であるが締めくくりとして、エンゲルスが「『資本論』第三部への補遺」のなかで、マルクスの時代（１８６５年）は証券取引所がまだ出来たばかりで「資本主義体制のなかの二次的な要素」でしかなかったが、いまでは（１８８５年）その役割は「著しく高められ」、さらに発展するならば工業も農業も含めて「全生産」、「全交易」を「証券取引所の手に集中し……こうして証券取引所は資本主義的生産そのものの最も際立った代表者になるのである」（『資本論』、全集第25ｂ巻１１５８ページ）と述べていることを非常に重視する。

　この論は、いまの株式会社がそうなっているというのではなく、株式会社というものの現実からみて、以上のような統治の方向性にもとづいて社会主義を構想することができるとしているものである。その際、社会主義の根本理念である「平等」を実現するためには、大株主の株の分散化をどうはかるかという問題が残る。この点は今後の問題として検討する必要があるが、現在の株式会社をとおしての社会主義への改革として、また社会主義を「精神主義的」（大西）にとらえる議論ではないという点で重要な提起であり、将来において社会主義の構成要素として検討しうるものであると考える。

アソシエーション論について

もう一つの構想として、マルクスの未来社会思想は「アソシエーション」にあったとする学説が注目されるようになった。「アソシエーション」といえばどんな難問も氷解し、未来社会がみえてくるかのようにいう俗流「アソシエーション論」は別として、大谷禎之介氏（法政大学名誉教授）はマルクスの実に詳細な研究にもとづいて「アソシエーション論」を展開している（『マルクスのアソシエーション論』桜井書店、２０１１年）。

「アソシエーション」とは、辞書によれば「結合したもの」で会、連合、会社、共同体等々と様々な使われかたをする。大谷氏によれば、マルクスの「アソシエーション論」は、「結合した自由な諸個人」がつくる「共同体」のことである。それが未来社会の根本原理であるとする。そこで働く人間はいかなる意味でも賃労働者ではなく、「結合した（アソシエイトした）自由な社会的人間」である。ソ連は労働者が国家に雇われる賃労働者であり、したがって「国家資本主義」であり、「結合して労働する自由な諸個人のアソシエーション（結合体）」ではなかった。本来の「アソシエーション」の内容は、『資本論』で展開された全体的な未来社会像――「生産手段の共同」、「直接に社会的な労働」、「意識的な人間」、「商品・貨幣関係の消滅」等々が、それであるとする。

ところで、資本主義的生産様式では労働は個別・分散的なものではなく、「協業」であり「結合した労働」である。氏はしたがって資本主義の胎内ですでに未来社会の「胎児を懐妊している」という。そして資本主義は遅かれ早かれ「臨月」をむかえ、胎児を出産して未来社会が生まれるとする。これがマルクス未来社会論の最も肝心な点であるという主張である。

この「アソシエーション」論は、社会主義をもっぱら生産手段の社会的所有への転化からみて、それを国家と結びつけるソ連流社会主義論の反省と批判にもとづくものである。その点で大きな意味をもっている。

ただ指摘したいのは、それでは「アソシエーション」とは具体的にどういう企業形態として現われるのかの解明が欲しいということである。「協同組合」なのか、労働者の「集団所有」にもとづく企業なのか、「株式会社」なのか。その際、私が最も重視するのはトヨタ、日産、日立、東芝、川崎重工その他の大企業はどうするのかという問題である。ここでは「協業」、「協同労働」すなわち「結合した労働」はすでに大きく育っている。そこから生まれでてきた胎児はどういう形態をもつのであろうか。この点をぜひ明らかにして欲しいと思う。

三、社会主義の展望――社会的所有の多様性ある社会

以上みてきたことから社会主義を「展望」したい。

大企業をどうするべきか

私が一番問題にするのは、いまも述べた大企業のことである。大企業とは政府統計では資本金一〇億円以上の企業をさし、その数は七〇〇〇社になるが現実的にはもっと絞られる。「多国籍企業化した巨大企業」二〇〇社が、日本の上場企業全体の資本金の四六％、総資産の五九％、売上高の六〇％、従業員数の六〇％を占めている（友寄英隆『変革の時代』光陽出版社　2010年）。本年五月に武田製薬は七兆円でアイルランドの製薬会社を買収した。七兆円といえば東京都の二〇一六年の一般会計予算総額である。一民間企業がこのような莫大なカネを操作している。こうした少数の大企業が絶大な力をもち、日本経済の根幹を握り、特権的地位をつくりあげている。これを問題にせず周辺だけを問題にしているなら、日本経済の民主化もできない。

私は、これらの企業にたいしては、現在の段階でも国会に大企業監視の委員会を設置し、民主的規制をかけるべきだと考えている。すすんで社会主義の段階では「社会の公的代表である国家」

が掌握する必要がある。なぜなら大資本家の抵抗があり、決して簡単に労働者集団や一般大衆株主に企業を引き渡すことはないからである。最初は国家が掌握・運営し、漸次、企業の自治に移行するのが最も適切であるからである。

それ以外に社会主義には、われわれがすでに知っている各種の「協同組合」がある。自主管理企業や社会主義的株式会社の可能性もある。またこれまでふれてこなかったが交通・水道などにみられる「地方自治体」の所有形態もある。さらにいま日本で市民の手によって現実に発展している様々な非営利の諸組織がある。「アソシエーション論」は資本主義の胎内に「結合した労働者」という次の社会の胎児が生まれるとしているが、これまでとは違う企業形態がそこから生まれることもあるかもしれない。

これらが社会主義の構成要素となりうる。過渡期には様々な所有形態が生まれるのは当然であるが社会主義段階でなにか一本の形態に纏めあげなければならないという理由はない。社会的所有の多様性ある社会が社会主義である。

よく資本主義は社会主義の物質的基礎を準備するといわれる。そのさいあげられる例は、労働過程での協業、機械制大工場、科学技術の意識的応用などである。こうした生産力的基盤だけではなく、いまあげた資本主義のもとで生まれる諸組織も、社会主義の物質的基礎となると考える。

もしマルクスの『序言』で示された史的唯物論が、資本主義から社会主義への移行にも当てはまるものだとするなら、マルクスが資本主義の胎内で生まれた「協同組合」を社会主義の胎児として注目し、その全国的展開を一時呼びかけたように、いま市民の手で発展している非営利組織をそういうものとしてみる必要がある。

もちろん社会主義的変革にとって決定的なことは、日本経済の根幹を握っている大企業の生産手段の社会化である。このことになるべく触れないようにしようとする傾向があるのををよしとしない。大企業が「社会的責任」をはたすよう民主的規制をかければ自然成長的に社会主義企業に転化するとは考えにくい。国家に「最後の自主的行為」をおこなわせてもいいのではなかろうか。

日本の農業・漁業と市（イチ）について

最後に社会化すべきではない部門が残ることもみておく必要がある。それが農業や漁業などである。

農民は「小さな土地であっても自分の土地をもっていたい」というのが基本的要求である。小土地所有では農民は貧困から解放されないので、農業の集団化と機械化を農民の納得のうえでおこなうというのが、マルクス、エンゲルス、レーニンの農業社会主義化の考えであった。しかし農業の集団化は、ソ連だけではなく中国を含めてどこでも成功していない。これは直視しなければならない事実である。史的唯物論的見地は再検討されなければならない。

工業化された現代では農業は「自然と人間の調和」を保つ決定的要因となっている。最早これ以上の農業破壊は許されず、守り発展させなければならない。そのために個人農に農業補助金をだし農業を守り、自然を守ることは現代人の義務であろう。宇沢弘文氏は、人間社会にとっては「社会的費用」というものが必要であることを説いたが、農業補助金は「人間存在」に必要な「社会的費用」として、社会主義でも当然の支出として考えていいことだと思う。

もちろんこれは国によって違う。南米のような巨大な大土地所有制・ラチフンジュームが残っているところでは、土地の社会化は可能であるどころか、貧困からの解放として不可欠である。またEUの農業保護予算はEU予算の四〇%となっており、ヨーロッパ人がこれをどう処理するかは難しい問題であろう。日本の場合、自民党政権の農業破壊政策のために農民は就業人口の三・二%にすぎない。いまの農業補助金は五・五兆円（税収の一〇%）であるが、民主的政権により農業発展政策をとれば、補助金支出をいまより削減できることは間違いない。そのうえで「社会的費用」としての農業補助金を国民が負担し、自然との調和をはかることは、人間らしさを取り戻すうえで当然なすべきことであると考える。

それと同時に、農業と深く結びついた都市での市場（イチバ）の問題がある。そもそも中世の時代からどの国にも町の市（イチ）が存在し、近郊の農民がつくった新鮮な野菜が売られてきた。漁業についても同じことがいえる。

現代にあっては主要な流通は農協・漁協を通じておこなわれているが、新鮮な野菜・魚を廉価で取得できる市場を人間生活からなくすことはできない。これは人間の営みにとって本源的なことであり、生きる手段だけでなく人間のコミュニケーションの場であり文化でもある。社会主義でも当然残さなければならないと考える。

以上のようにこれから展望しえる社会主義は、社会的所有の多様性にもとづく社会である。これでは社会主義ではなく「混合経済」ではないかという疑問がおこるであろうが、私は同一社会における資本主義と社会主義の棲み分けを説いているのではない。過渡期を通過した社会主義そのものを多様性のあるものとして認めるということである。過去のどの社会構成体でも、ただ一つの生産形態が全社会を一律に支配するということはなかった。社会構成体の現実とはそういうものであろう。

第八章

「社会主義への疑問」と計画経済の展望

官僚制にならないための新しい生産の組織

前章では社会主義論に関する私の第一の疑問として国有化をめぐる問題をとりあげ、検討した。本章では第二の疑問として「計画経済」の問題を検討してみよう。計画経済というのは成り立つのかどうかという疑問である。

計画経済とは、資本主義のように恐慌が起き、価値破壊が起こるような経済システムではなく、無駄なく均衡のとれた経済を発展させるために必要なものとして提起された。これがマルクスの思想からでたものであることは間違いない。ところが『資本論』にも『ゴータ綱領批判』にも『反デューリング論』にも「計画経済」という用語はまったくない。『資本論』で「人間の意識的・計画的制御」とか「現存の生産手段と労働力とで直接的に実現されうるいっそう合理的な結合」とか、これに類似した断片的な言い方が十数か所でてくるだけである。それぞれ含蓄のあることが書かれているが、それを展開してはいない。唯一（おそらく）展開されているのは次のようなものである。

「資本主義のではなく共産主義の社会を考えてみれば、まず第一に貨幣資本は全然なくなり、したがって貨幣資本によってはいってくる取引の仮装もなくなる。事柄は簡単に次のことに帰着する。すなわち、社会は、たとえば鉄道建設のように一年またはそれ以上の長期間にわたって生産手段も生活手段もそのほかどんな有用効果も供給しないのに年間総生産から労働や生産手段を引き上げる事業部門に、どれだけの労働や生産手段をなんの障害もなしに振り向けることができるかを、前もって計算しなければならないということである。これに反して、社会的理性が事後になってからはじめて発現するのを常とする資本主義社会では、絶えず大きな攪乱が生じうるのであり、また生ざるをえないのである」（全集第24巻385ページ）

これは鉄道に関して述べているわけであるが、共産主義社会全体でとなれば、あらゆる部門で全社会的に計算をし、かつ部門間の均衡をとらなければならない。その点についてマルクスが言及したことはない。『資本論』で第一部門（生産手段生産部門）と第二部門（消費手段生産部門）の関係を論じたが、それは計画化の問題ではない。これをマルクスの「計画経済」論だという人がいるがとんでもない思い違いである。

マルクスの「計画」とは、「事前の社会的理性」と「事後の社会的理性」という哲学的考察を越えるものではない。哲学的な考察となれば『反デューリング論』では次のような人類史的な壮大な構想が描かれている。

「社会が生産手段を掌握するとともに、商品生産は廃止され、それとともに生産者にたいする生産物の支配が廃止される。社会的生産内部の無政府状態に代わって、計画的、意識的な組織が現われる。個人間の生存競争は終わりを告げる。これによってはじめて、人間は、ある意味で決定的に動物界から分離し、動物的な生存条件からぬけだし、ほんとうに人間的な生存条件のなかに踏みいる。……これは、必然の国から自由の国への人類の飛躍である」（全集第20巻292ページ）

この文章自体はエンゲルスが書いたとしても、『資本論』でもマルクスも同様な考えを述べている。これがマルクスの「計画」に関するすべてである。ここから「計画経済」の具体的ありかたを探ろうとしても無理である。「二〇世紀社会主義」は、生産手段を社会化すればそこから「打出の小槌」のように輝かしい事柄が次々と出てくるものではないということを示した。本章の主題からいえば、市場経済は生産手段を社会化してもなくならないどころか、それなくしては社会全体の経済がうまく回らないことが明らかになった。ソ連の計画経済は間違っていたといっても、それなら正しい計画経済とはどのようにすればいいかを具体的に示したものはない。われわれがまったく新しい次元で考えていかなければならない問題である。「二〇世紀社会主義」は人類に貴重な経験をさせたと思う。やってみなければ分らないものである。ソ連崩壊を実体験したマルクスならどういうか、最も興味ある問題である。

一、市場経済と計画経済とをどう考えるか

そこでまず市場経済とはなにかから考えてみたい。ここでも一言はじめに触れておきたいが、『資本論』に「市場経済」という用語は一つもないことである。「市場」は山ほどでてくるが「市場経済」はでてこない。それでは市場とはなにか。私は二つの意味を考える。

第一に、市場は本来的にいえば生産物の交換の場所である。ということは流通過程の問題であるということである。人類の発展とともに、それは資本市場とか労働力市場など抽象的概念になり、一定の場所とか建物ではなくなった。しかし、いかなる社会でも社会的生産が継続するためには生産手段と労働力の適正な配分が不可欠であり、これまではそれが価値破壊をともないながら市場をとおしておこなわれてきた。この適正な配分ができない社会は崩壊するほかない（ソ連経済の失敗）。このように市場とは流通過程の問題に基本があるというのが第一の点である。

第二に、市場は商品交換の場となった。生産物一般ではなく、生産物を商品として売買する場である。商品生産は私的所有と分業を最低限の前提としている。したがって個人が自分と家族を養うために生産する小商品生産もあるが、最も発展した形態は人間をも商品化する資本主義的大規模商品生産である。この資本主義は競争を不可欠なものとしており、資本主義市場では競争と

生産の無政府性が特徴となる。こうして、市場は単なる流通過程の問題としてではなく、生産様式の問題をも含むものになる。

この二つは統一されてはいるが、各々がもつ二側面を区別してみなければならない。ソ連崩壊後、あまりにも「市場経済」ということがいわれ、これが人間社会にとって普遍的なものとされるかのようになった。しかし第二の側面は資本主義を変革することによって廃絶されなければならない問題である。第一の側面は資本主義後も残ることは確かである。それは経験が示した。つまり市場は、一面では積極的な意味で残るのであって、いつか消滅させなければならないものと考える必要はない。交換という行為がある以上、いつまでも必要なものである。それでは社会主義社会での「適正」な交換あるいは「適正」な配分はなにを基準にすべきか、市場か、別の「規制者」かという問題が残る。そこで現われるのが計画化であり計画経済である。

計画経済とはなにか

それでは計画とはなにか。マルクスにとっては市場の第一の側面も排除した人間の意識性である。

すでに指摘したように、マルクスは未来社会においては個々人の「労働は直接に社会的」なものとなり、自己の利益を意識して社会の利益と合致させることができるようになるので、計画経済は可能だとした。しかし逆にいえば、そういう「意識」的人間に人間が変わるまでは、計画経済は不可能であることになる。マルクスがいう旧社会の「母斑」を身につけ、「ブルジョア的権利」を要求する普通の人間によってつくられる社会主義社会においては、計画経済は成り立ちえないことになる。そういうことなのだろうか。この問題は生産と交換の側面からみなければならない。

第一に、生産が大規模に社会化されている独占資本（大企業）の生産手段を社会的所有に転化した場合のことを考えるなら、この生産が無政府状態にならないよう、計画によって調整・規制することはできる。資本主義のもとでもある程度の生産調整はおこなわれている。社会主義で計画は可能である。

しかし第二に、問題は計画にもとづいてつくられた生産物をどう交換するかである。生産物は社会主義でも個々の独立した自主的企業がつくる。例えば個々に生産された鉄鋼・セメントを、ビル・道路・橋梁をつくる建設企業に引き渡すとき、生産手段は社会化され生産物は全人民のものになっているのだから無償でいいということにはならない。社会の全生産物の生産と分配を国家の単一の計画でおこなっていれば、それでいいとされた時代もあった。しかしそれはあまりにも現実離れしている。建設企業がいま建設しようとしている対象物にどれだけの労働量が必要であり、それと等量の労働を必要としてできた鉄鋼・セメントを受け取るということにならざるをえない。そこで作用するのは、それぞれの生産物の生産に必要な社会的労働の量にもとづく交換ということになる。

ところが実はそれが価値法則なのである。この法則は私的所有にもとづく商品の生産と交換を規制する法則とされている。その意味で、価値法則は私的所有にもとづく商品生産社会の独自の歴史的表現である。それにたいし、社会主義は商品生産が目的ではないので価値法則は作用しないとされた。これはいわばマルクス経済学の根本であった。しかしいま述べたように社会主義でも事実上、価値法則が作用している。ここをどう説明するのか。資本主義的価値法則と社会主義的価値法則があるのだろうか。

さまざまなマルクス

実はマルクスもそこは明確でなかった。マルクスは『ゴータ綱領批判』で、第一に「生産手段の共有を土台とする協同組合的社会の内部では、生産者はその生産物を交換しない」と言い切っている（全集第19巻19ページ）。ところが第二に、共産主義社会の「第一段階」（社会主義）では、すでに述べたように「ブルジョア的権利」が残っているので、「ここでは明らかに、商品交換が等価物の交換であるかぎりでこの交換を規制するのと同じ法則が支配している」、「個人的消費手段が個々の生産者のあいだに分配されるさいには、商品等価物の場合と同じ原則が支配し、一つのかたちの労働が別のかたちの等しい量の労働と交換されるのである」（同右20ページ）と述べている。

価値法則の作用を認めているではないか。第一のテーゼは、マルクスが資本主義の分析を商品から始めたので、資本主義の否定のうえに成立する「協同組合的社会の内部」では商品・貨幣関係を否定しなければならない。そこから「生産者は生産物を交換しない」という結論がでてくる。これは極めて論理的なことである。しかし「第一段階」では価値法則が作用することを認めざるを得なくなっている。同一の社会構成体で大きな矛盾が起こっている。マルクスは共産主義社会では商品・貨幣関係はなくなることを基本の基本にしていた。にもかかわらずその「第一段階」では「貨幣」はなくなるとしつつ（労働証明書に代わる――同右）、商品等価物と同じ法則すなわち価値法則は作用するとしている。この矛盾をよくあらわしている言明を引用したい。マルクスはクーゲルマンに宛てた手紙では価値法則は残ると次のように述べている。

「社会的労働をこのように一定の割合に配分することの必要性は、社会的生産の確定された形態によってなくなるものではなく、ただその現われ方を変えるだけのことというのも、自明のところです。自然の諸法則というのはなくすことができないものです。歴史的にさまざまな状況のなかで変わり得るものは、それらの法則が貫徹されていく形態だけなのです。……価値法則がどのように貫徹されていくかを、逐一明らかにすることこそ、科学なのです」（全集第32巻454ページ）

この言明を根拠に社会主義も商品生産社会であるという議論がある。しかし『反デューリング論』ではまったく反対のことをいっている。

「人々は、高名な『価値』の仲だちによらないでも、万事（生産計画をたてること——引用者）をしごく簡単にやっていくであろう」（全集第20巻319ページ）

マルクス、エンゲルスにたよっていただけでは答えはでない。マルクスを「絶対化」すると空回りする。この問題についての最終的私見はあとで述べるが、暫定的には次のように考える。社会主義企業といえども、等量労働の交換の法則が作用しなければ自主的企業にはなれず、独立採算制も確立されず、正当な利益をあげることもできず、自ら創意性を発揮する生き生きとした企業にはとうていなれないということである。

社会主義での個人

計画経済について次に問題になるのは、計画を遂行する主体についてである。いいかえれば社会主義における個人の問題である。社会主義企業の労働者は旧社会の「母斑」をつけた人間であり、労働は報酬をえるための手段であり、まだ「第一の生命欲求」（マルクス）になってはいない。社会主義的企業の主体である労働者各人が労働の等量交換を求めているのに、企業が別の原理で動くということはありえない（ソ連では企業運営にあたって労働者に物質的刺激をあたえる必要性が常に強調されていた）。

さらに個人の消費手段・生活手段の選択は多様であり、これを計算し計画化することはおよそ不可能であるということである。ごくごく簡単な例をあげれば、毎日変わる人間の食生活の好み・欲求をあらかじめ計算するなどということは、誰が考えてもできない。衣服でもそうである。個々人の欲求ではなく「アソシエートした労働者の総欲求」は計算可能であるとする見解もあるが、なぜそんなことをしなければならないのか、とても同意できない。この「アソシエートした労働者」は何名ぐらいを指すのか分からないが、仮に一〇〇名としても、それがみな同じものを食べたいなどと想定することは、恐ろしいことである。私はこの問題をかつて一九二〇年代、三〇年代にあった「社会主義経済計算論争」（ハイエク、ミーゼス対ドップ、ランゲ論争）との関連で詳論したので（『カール・マルクスの弁明』大月書店　２００９年）、ここではこれ以上のことは述べないが、個人の欲求・嗜好に大きく依存する消費生活部門は市場にまかせる以外ないと考えている。

当面の社会主義における計画経済と市場経済の関係

以上のことから分かるのは、社会主義での計画経済とは生産の社会化の度合いによって可能であるが、相当の範囲で市場経済が存在するということである。従来、計画経済を論ずる際に、共産主義社会になって可能と思われることにもとづいて理想的な形態を論じ、社会主義段階ではまだそこまでにはいたらず矛盾は残るといった具合に扱う場合が多かったが、資本主義後に来る社会は社会主義である以上、そこでどうなるのかをまず論ずる必要がある。そこでは現実的な「社会主義」問題として、計画経済と市場経済とはどういう関係になるのか、現時点で明確にいえることだけを箇条書き的に述べたいと思う。

１＝人間の意識性すなわち計画は生産の社会化の度合いに応じて可能であり必須である。それはいかなる意味でも「統制経済」とは無縁なものである。重要産業部門を計画によって結ぶことは個々人の生活にとって必要・不可欠なことである。

２＝社会主義は非商品生産社会であることが基本であるが、市場経済を人為的に廃絶することはできない。社会的所有を確立すれば商品・貨幣関係がなくなり、市場関係もなくなるわけではない。社会主義企業の独立性がある。したがって企業の生産物の交換は流通過程の問題としては残るし、労働の等量交換としての価値法則は作用する。これを消極的なこととして理解するのではなく市場の積極的活用として理解する。

3＝生産手段の社会的所有の多様性が展望されるなかで、所有形態の違う企業の間を律するのは市場である。

4＝個人の嗜好に大きく依存する消費手段の生産は市場にまかせる。

5＝市場経済が最高段階に達したのが資本主義的生産様式であり、市場を放置しておけば社会主義企業であろうとも経済全体に「無政府状態」をつくりだす可能性はある。競争原理を梃子にして、ひいては資本主義化することもある。

一言でいって社会主義的計画経済と市場経済は弁証法のいう「対立物の統一」である。それが「闘争」をつうじてもう一段上の段階にいく中間にあるのが社会主義である。これが私見である。

二、計画経済における生産の組織について

以上の見地に立ったうえで最後にもう一つ検討すべき大きな問題がある。第一の計画経済が「上意下達」の中央集権的な「統制経済」にならないようにするためにはどうするか、「官僚制」を生まないようにするにはどうすればいいかである。

マルクスは資本主義企業の組織形態については極めて詳細な研究をおこなった。協業、マニファクチャーについて分析したあと、機械制大工場における労働の専門化、指揮、監督機能とそれにみあった工場内の諸階層の形成の分析をおこなった（『資本論』第1巻第4編「相対的剰余価値の生産」参照のこと）。しかし、社会主義企業内の具体的な組織形態についてはオーケストラの指揮者と楽団員の関係の例をあげたり、「労働者協同組合」の管理者と労働者の関係について、労働者が管理者に給与を支払うのでなんの問題もおこらないと述べた程度である。エンゲルスもどんな生産組織でも「一定の従属」はあると述べている程度である（「権威について」全集第18巻）。これは社会主義が実現していない以上、当然のことである。しかしわれわれはそれでいいとするわけにはいかない。ソ連が悪例を示したからである。

組織の問題を重視したマックス・ウェーバーは、資本主義であろうと社会主義であろうと「現

代的技術」で装備された企業では労働者の「管理からの『分離』は存続する」として、社会主義企業の「官僚制化」は必然であるとした。とくにウェーバーは、国家計画にもとづいて企業運営がおこなわれる場合すなわち社会主義経済の場合は、それが一層強いものとなるとしている（『社会主義』1918年、オーストリア将校団への講演）。ソ連ではフルシチョフがスターリン体制の改革に乗り出したとき、ソ連の企業には「七人の労働者に一人の管理者」がいるという状況であった（『経済問題に関する党と政府の決定集』第4巻145ページ）。

こうした「官僚制」が長期に続けば、「大衆から遊離して大衆の上に立つ特権的人間」（レーニン）が生まれる。企業内の分業の問題次元から「社会的移動」の「階層」次元の問題になる。生産手段の社会化をしてもなお残る重大な問題であり、特に中央計画当局（国有化の場合は国家）と企業の間の関係のありかたの問題は、ウェーバーが主張するように組織そのもののありかたとして別個に研究しなければならない。まず「中央集権化」をふせぐ問題からみてみる。

計画経済が「統制経済」にならないために

この問題については、計画立案の民主化や労働者だけでなく、市民も含めた十分な協議といった政治的・社会的側面がよく強調される。まったく異論はない。しかし経済システムとして確立する必要があり、その要はどこにあるのか、もう少し深めて考えてみたい。

私はトロツキーからあるヒントを得た。彼は一九二〇年代にブハーリンとの論争のなかで、市場経済は計画の「誤算を適時に明らかにする」有効な手段であるとし、「国家行政と市場」の「組み合わせ」を主張している（論文「ソ連の経済情勢についてのルイコフ決議案の修正」『トロツキー研究』第3号収録）。ここから考えたことがある。

第一は、市場経済をなぜ残すのかということである。先述したように、なくならないから残すというのではなく、積極的に活用するためである（トロツキーはその点を考えていた）。民主的によく協議して立案された計画に従って生産した生産物が最終的に実現されるかどうかは、市場によって決まる。実現されなければ計画が間違っていたということになる。生産物の交換の場としての市場の役割をこうして発揮させることである。換言すれば計画経済のフィードバックとして活用することである。フィードバックというのは自動制御装置のことであり、計画的に生産された生産物の量が実際に必要な量であるかどうかを修正させながら、両者の差異を自動的に制御することである。その役割を市場は果たすことができる。このように市場経済を活用すれば計画経済が人為的な「統制経済」にはならない。もちろん市場が暴走しないように人間の「理性」が働かなければならないのはいうまでもないし、社会主義であるからこそ働かすことができる。

この考えは、価格の自由化を梃子として経済改革を最も大胆に進めていたハンガリーが取り入れようとしたが、種々の原因で改革がすすまず、「計画でもなく、市場でもなく」という状態が生まれた。そこで私的所有も含めた所有の多様化にすすまなければならないという主張が生まれた。最も急進派であったヤーノシュ・コルナイがこれを主張した（W・ブルス、K・ラスキ共著『マルクスから市場へ　経済システムを模索する社会主義』岩波書店、１９８９年）。

しかしこれは、ハンガリーにとって「ルビコン河」を渡ることを意味した。初めから全企業を国有化し「社会主義」をつくった国においては、これを解体し私的所有企業も認めることは、「社会主義システム」を破壊することになるからである。われわれはすでに述べたとおり最初から多様な所有形態をもった社会主義をつくることを目指しており、過渡期を過ぎればこのような「逆転劇」は起こらないが、長期にわたり「国有化システム」で経済運営をおこなってきた国では、まさに「生死をかけた」問題であった。ハンガリーもソフトランディングできず崩壊した。なおハンガリーにおいても経済改革を好まない官僚層の政治的抵抗があったことも確かであるが、同時に国家の急進的改革による完全雇用の崩壊、社会保障の削減、賃金格差の拡大などを恐れるという「温情主義」があったことは付け加えておきたい（同右）。

「二〇世紀社会主義」崩壊後の議論

ソ連・東欧崩壊後のこの問題についての議論はハーバマス、アメリカのローマー等々を含め国際的にも多岐にわたっている。その重要な一つは、「市民社会」論がでてきたことである。ポーランドにおける「連帯」運動、チェコスロバキアでの「ビロード革命」によって触発された学者・研究者が提起したものである。芦田文夫氏（立命館大学名誉教授）が氏の主張を含めこれらの議論を紹介しているところを要約してみる。

ごく簡潔にいえば、社会を消費者や消費者としての労働者からなる「市民社会」と、「国家」あるいは「経営」との二元社会として捉える。そこで「市民社会」は「国家」にたいして資本市場や銀行をとおして圧力をかけ、「経営」にたいしては労働者・市民の参加によって民主主義的な圧力をかけ、「社会的制御」を加える。これによって現代企業の主要な企業形態である「株式会社」にみられる「所有」と「経営」との分離という構造を、社会主義のもとでの企業にも共通のものとして引き継ぎ、社会主義企業の自立性、効率性を確立することができるとする。こうして「市場社会主義」を確かなものとして確立できるという考えである。氏はこういう論調を紹介しつつ、これはまた、資本主義の枠内での民主主義的改革を通じて社会主義への道にすすむことを可能とし、その場合には「分配の平等化」を実現し、さらに「資産・所有の平等化」へとすすんでいくことが想定されるとしている（詳しくは論文「『社会主義論』へのアプローチ」、雑誌『季論21』2011年夏号参照のこと）。社会民主主義は「所有の平等化」に進もうとはしない。「株式会社的社会主義」が社会主義経済の「統制経済化」を防ぐ方法となることは確かである。ただこれからの社会主義の所有形態は多様になるのではなかろうか。国有企業ではいま述べた計画経済のフィードバック制が重要になる。

なお芦田論文とは別のことであるが、「市場社会主義」、「社会主義における市場経済」、「市場経済を通じて社会主義へ」の三つは似ているようで違う。最初のものは社会主義と市場経済は不可分なものであることを意味し、次のものは社会主義でもなお市場経済は残ることを意味し、最後のものは市場経済は「過渡期」のものというニュアンスに受けとめられる気がする。簡単なようだが用語法もいまさまざまであり、それを使用する場合、内容的に厳密さがいると思う。

「官僚制」を阻止する方策

次にマックス・ウェーバーが社会主義に「官僚制」は必然であるといっている問題を検討しておきたい。「官僚主義」ではなく階層としての「官僚制」をどう阻止するかの問題である。

まず無政府主義者といわれたバクーニンの言葉を紹介したい。マルクスは自著で、バクーニンの言葉として、「ドイツ人はほぼ四〇〇〇万人を数える。たとえば四〇〇〇万人全部が政府の要員になるのだろうか？」という箇所を引用している（マルクス「バクーニンの著書『国家制とアナーキズム』摘要」より。全集第18巻644ページ）。マルクスは直ちに「まさにそのとおり！（Certainly!）。事は共同体の自己統治に始まるからである」（同右）と応えている。

またバクーニンは次のようにいう。

「彼ら（かつての労働者）は人民の代表あるいは統治者となるやいなや、労働者たることを、やめ」、「そして、一般の労働者の世界全体を〈国家〉の高みから見おろすようになる。彼らは、もはや人民を代表せず、彼ら自身と彼らの人民統治の〈要求権〉とを代表するようになる。これを疑うことができるのは、人間の本性を全然知らない人である」（同右645ページ）

これにたいしマルクスはつぎのように応えている。

「バクーニン氏がせめて労働者協同組合工場の管理者の地位について知っていたとしたら、支配についての彼の迷夢は吹きとんでしまっただろうに。この労働者国家――彼がそう名づけたければ――の基礎のうえでは、管理機能はどんな形態をとりうるか、と自問したはずである」（同右）

「無政府主義」と「マルクス主義」との対立とは、前者が広くいわれているようにいかなる統治も必要がないというのではなく、統治の単位を国家とするのではなく州とか県とか地方自治体とか低いレヴェルにおくことを主張するものであった（現代のアナーキズムについては知らない）。一方、「マルクス主義」を主張する側がつくりだしたのは――それはマルクスの責任ではないが――「社会主義計画経済大国家」であり、巨大な官僚層であった。ルーマニアのチャウシェスクは、青年時代から革命運動に身を投じ、真剣にルーマニア人民のために活動した人物であったが、政権党の頂点に長く立ちつづけると独裁者に変質した。なぜかを説明する理論は「マルクス主義」にはない。

マルクスはこの点ではバクーニンとの論争をみても非常に楽天家であったと思う。エンゲルスは「権威」、「一定の服従」は必要といった。レーニンは革命前には万人が「官吏」になれるので「官吏」のいらない社会ができるといったが、それが現実といかにかけ離れていたかを革命後痛いほど知った。マックス・ウェーバーの思想がどうであれ、ここにある空白部分を埋める必要がある。マルクスの所有関係の分析を基底としつつ（ウェーバーもマルクスのこの部分は重視している）、「官僚支配組織」の問題を解明しなければならない。

ソ連社会で実感したこと

荒木武司氏（大阪教育大学名誉教授）の研究によれば、ウェーバーにより整理された官僚組織の大系の具体的原則は、任命・俸給・昇進・職務の分割と訓練・上意下達・権限の限定・文書主義の諸原則から構成される。そしてそこに強固な「位階制的官僚組織」が形成される（詳しくは『マルクス社会主義論の批判的研究』２０１８年、文理閣を参照のこと）。

私はこの諸原則のうち、ソ連社会で実感したこととして俸給と昇進と任命の問題を最も重要な点としてあげたい。官僚制を防ぐのに第一に重要なのは給与に格差をつけないことである（若干の差があることは当然であるが）。現場の労働者も管理職も同じ労働者である以上、そこに無視できない差をつけることは決定的な意味をもつ。もはや平等ではなく階層としての「社会的移動」を意味するからである。「悪平等主義」を排すと称して格差を当然視するのは誤りである。同時に給与以外の物質的特権を与えることなどは論外である。

昇進の問題が大きな意味をもつというのは、一人の人間の社会でのあり方を一生きめてしまう問題であるからである。ソ連では（おそらく「社会主義」と呼ばれたすべての国では）一般の人間の、というのはつまり共産党員でない人間の昇進はありえなかった。しかも党員のうち無条件に党に献身を誓う人間が昇進でき、重要ポストに任命された。労働と能力ではなく思想が第一に問題にされることは、個人の自由な発展を阻止するものである。日本の官僚の昇進も憲法一五条の「全体の奉仕者」規定に反して政権に忠実であることが条件であるが、社会主義になっても同様であるとするなら、未来社会への期待はまったく生まれてこない。これは政権党のあり方が鋭く問われる問題である。

以上の三点は実感にもとづく最重要点である。社会主義になっても人間は資本主義社会の母斑をもっており、そこでの人間は二重の規定をうける。母斑の部分と人間の全面的発展を促す要素の存在とである。母斑部分を発展させるような社会システムをつくることがあってはならない。これは社会の指導部の意思によって阻止しえる問題であることを強調しておきたい。民主主義の根幹にかかわる問題である。

「二〇世紀社会主義」は後進諸国から始まった。そのため生産力を粗野な形であれ発展させることがなによりも第一義的課題とされた。先進資本主義国から生まれる社会主義は、資本主義で発展した高い生産力と発達した民主主義的諸制度を受け継ぐ。したがって計画経済の主要な目的は生産力の発展にあるわけではなく、達成されている高い生産力を民主的に調整し、質の高い生活がおくれ、人間を全面的に発展させていくことのできる社会主義となろう。

これまで社会主義を主として経済の側面から追求してきたが、最後に資本主義と人間の問題をみてみたい。いま労働者も自分を労働者とはみなさず「市民」感覚でとらえている。二〇〇歳のマルクスならそれをどう捉え、どういうであろうか。それを論じて本書の終わりとする。「市民」、「市民社会」概念はアリストテレス以来、定まったものはない。マルクスは主として「ブルジョア」、「ブルジョア社会」としていた。こうした難しい問題は別の機会に譲りたい。

第九章

「自由で全面的に発達した人間」

「市民社会」としての未来社会像

マルクスは「否定」のなかに「肯定」を見出すヘーゲルの弁証法を思考の軸の一つに置いた。それを見事に適用した巨著『資本論』のなかで、マルクスは資本主義の発展すなわち資本家の利益増大と労働者の貧困（否定）のなかに、労働者自身が人間的に発展すること（肯定）の契機をもみた。未来社会を展望するうえでこのことはきわめて重要である。

一、資本主義がもたらす「新しい人間の形成」

工場法が生み出した変化

第一は、イギリスで工場法ができ労働時間が短縮されたことである。これは労働者の闘いによって勝ち取られたものという解説が一般的であるが、マルクスはそう単純にはみていない。労働者の長期にわたる闘いによって「資本からやっともぎ取った」（『資本論』第1a巻、全集第23a巻635ページ）ものと高く評価している一方で、今日の支配階級の「より高尚な動機は別として」、「彼ら自身の利害関係によって命じられ」たもの（同右10ページ）とも述べている。また、旧封建的勢力が、発展していく資本家に嫌がらせをかけたという側面もみており、「資本家と大地主との支配する国家の側からの、労働口の強制的制限」（同右310ページ）とも述べている。しかし、いずれにせよ当時のあまりにも酷い長時間労働では、資本家にとっても買った労働力の消耗が激しく、ある程度まで労働時間を短縮したほうが得であるという計算があったことは確かである。

こうした諸要素の結合によって達成された労働時間の短縮は労働者が人間的発展をとげていく大きな契機となった。肉体的消耗を制御するという物理的側面だけでなく、マルクスは労働時間が短縮されることは、それによって「人権」が確立すると指摘した。なぜなら「自分の時間」すなわち「自由に自分自身を処分できる時間」ができるからだとしている。それ以前では労働者は極限まで働かされ、「労働者自身の時間と彼の雇い主の時間との区別」がつかなかったが、「自由時間」を獲得することによって「売り渡すことのできない人権」が法によって定められるようになったと説明している。こうしてマルクスは、労働時間の短縮の人間的意義を述べている（同右397〜398ページ）。

第二に、工場法は初等教育を労働にとって必要不可欠なこととして義務付けた。機械制大工場で働くには、労働者が一定の教養を身につける必要があるからである。アダム・スミスも、資本主義は国民の義務教育制を導入したが、それは一定の教養をもった労働者が必要であり、それを資本家がやるのではなく国家にやらせたほうが得だからだと、『国富論』のなかで述べている。

これも、資本家の利益になることが同時に労働者の知的能力を高め、古い分業に一生身を縛られるのではなく人間として全面的に発展していくという弁証法となっている。

マルクスはいう。「『靴屋は靴以外のことに手を出すな！』、この、手工業的な知恵の頂点は、時計師ワットが蒸気機関を、理髪師アークライトが縦糸織機を、宝石細工職人フルトンが汽船を発明した瞬間から、ばかげきった文句になったのである」（同右635ページ）。教育は「全面的に発達した人間を生みだすための唯一の方法でもある」（同右630ページ）。

第三に、工場法は保健条項をもっていた。保健条項は「まったく貧弱なもの」ではあったが、工場の清潔維持や換気の必要性などを定めた。資本家はこれに「熱狂的に」反対したが、国家が強制的に押し付けた。マルクスはこんなことでさえ「強制法によって押しつけなければならない」のが「資本主義的生産様式」だと強調している（同右627〜8ページ）。

しかし、当時の肺病死者数を細かく調べたマルクスは「多人数の集合労働こそは……一方で資本家にとっての増大する利益の源泉」ではあるが、「特別な予防策によって償わなれないかぎり……労働者の生命や健康の浪費の原因」になるという。そのためやむを得ず予防措置をとり労働者の健康維持をはかることになったと述べている（『資本論』第3a巻、全集第25a巻115ページ）。

このようにマルクスは「否定」のなかに「新しい人間の形成」としての契機（肯定）をみて、

資本主義の発展が労働者の人間的発展ともつながり、未来社会は「自由で全面的に発展した人間」社会であることを説いた。

先進資本主義がつくりだす人間

こうした角度からみると、マルクスの時代に比較して今日の先進資本主義は、との関連でどういう人間をつくりだしたであろうか。

その生産力的基盤としては第一に、マルクスが共産主義社会で実現できると想定した協同的富が「泉のごとくわきでる」ところまで生産力をすでに発展させたことにある。したがって第一に、搾取を廃絶さえすれば労働者が分配問題で供給不足などという点で悩むことがない社会をつくりだしている。

第二に、高度に発達した資本主義は、高度な管理・運営の専門知識を持った労働者を生みだしている。現在の資本主義企業の経営者の出自は一般社員すなわち広い意味での労働者である。それが資本制のもとで機能させられているために労働者と敵対するが、新社会では対立性はなくなり純粋な分業にすぎなくなる。労働者の生産手段の管理・運営への参加の幅が大きく拡大することは確実である。

第三に、高度に発達した資本主義はすべての労働者のなかに階級性と同時に市民性をつくりだした。市民性とは人間の普遍的価値をなによりも大切にする人間性である。自由、民主主義、平等、博愛を本源的価値とする人間性をもった人間が成長することである。これは企業運営を「人間性」を中心にしておこなえる基礎となる。

第四に、企業は外の市民・すなわち消費者（労働者自身も企業の外では消費者）から監視され、彼らの意見をつねに聞かなければならず、企業外の市民も企業活動に参加することになる。この最後の二点は重要であり、若干のことをまとめて付言したい。

「市民社会」のなかでの個人

ソ連が崩壊して大きく浮かび上がってきたのは、先にも述べた「市民社会」論である。ソ連が「国家主義」であり、かつまた「党」の主導する国家であったことから、国家とも政党とも独立した「市民」、「個」を基礎にした社会をつくっていこうとする主張である。そこにこそ真に自由と民主主義の開花する社会ができることが強調される。日本の資本主義発達史をみてもそうだと思う。

戦前の日本資本主義社会は、天皇制支配のもとでの前近代社会であり、人間個人の「真・善・美」の感覚さえ天皇を頂点として単一的に形成された。戦後の荒廃から立ち上がったとき国民は、「経済的人間」（ホモ・エコノミクス）として働きつづけ、高度成長をとおし「豊かな社会」にまでいきついた。そのとき人間は自然との関係を再考したり、自分自身とは何かを考えたりしながら、個人の自主性・自我の確立の必要性を強く意識し始めた。日本資本主義は前近代を克服し近代を実現した。日本の国民に市民としての自分という意識が形成されていった。ソ連崩壊けそれに特別な拍車をかけた。いま労働組合運動が弱いといわれるが、労働者は企業の外で市民としてさまざまな運動・闘争に参加している。労働者が自分を「市民」と考えていることは当然だともいえる。こういう状況のなかで人々の社会をみる目がかわり、未来社会についても市民を主軸にし、資本主義か社会主義かという二項対立的見方をしなくなった。このことを否定的現象としてみるのであろうか。

ベルンシュタインと市民論

ここでもう一度ベルンシュタインに触れておく必要がある。彼が「最終目標はない」（あるいは過程がすべて）としたもう一つの理由は、資本主義国の社会構造が複雑になり、国民の要求が複雑になっているからだというものだった。彼は経済的発展により労働者の「分化」、「階層制」ができたといっている。「貴族的労働組合員」と「劣悪な境遇におかれた労働者」に分化した。

農民が都市に流れてくるのを労働者階級が増大するとして「ただ満足の念」でみていてはならない、農民自身のことを考え「農業協同組合」をつくらなければならないとも主張した。また地方自治体を重視し、社会主義の諸要素をそこからも育てる必要があるとした。全体として「中間層」に注意を向ける必要性を主張し次のように述べている。

「マルクス主義の実践は大部分が政治的なのであって、政治的権力の獲得に向けられている。そして、そのほかにはただ、労働者の階級的闘争の直接形態である労働組合運動にしか原理的意味を置いていないのである」（『社会主義の諸前提と社会民主主義の任務』149〜150ページ。ダイアモンド社）

さらにベルンシュタインは、経済問題だけではなく民主主義の価値を重視しなければならないことを強調した。「民主主義は手段であると同時に目的である（同右188〜189ページ）。また自由主義は「純粋には資本主義の擁護兵であったが、世界史的運動としての自由主義についていうなら、社会主義は……自由主義の正当な相続人なのである」（同右194ページ）。

さらに彼は、「社会民主党は、社会の成員をことごとくプロレタリア化しようとするものではない。むしろその逆である。社会民主党は、労働者をプロレタリアの社会的地位から市民のそれへと引き上げ、そうすることによって市民層あるいは市民的存在を一般化するため、わきめもふらず活動しているのである」（同右193ページ）とも述べている。

　これは今日においては先にみた「改良主義」助長論ではなく、考えてみるべき重要な問題提起をしている。「市民社会」としての未来社会を考えなければならない。逆に「市民」は市民としての将来社会とはなにかを考えなければならないであろう。共に考える共通の基盤をつくっている。（なおベルンシュタインの「植民地論」は、文明的に進んだ国による後進国の「経営」問題にすぎないとして、宗主国による植民地支配を当然視する親帝国主義的なものだったことは述べておく。）

　いま「個」を基礎として自己の「生活世界」をつくろうとする高齢者、一人で起業する若い世代がさまざまな貴重な試みをしている。しかしそれを社会全体に押し上げていかなければならない。そこにマルクス主義との共通点をみる。

　マルクスが階級史観と人間発達史の二つの視点をもっていたことはよく知られているところである（『経済学批判要綱』）。ベルンシュタインの主張も念頭にいれ、この二つを総合すれば、先進資本主義国の人間を階級性と市民性の両面を同時にもつものとしてとらえなければならないといえる。実際いま、資本主義は貧富の格差を激しいものにし人間の階級性を本来的には強めている。同時に国民のなかには市民性がもはや抜きがたいものとして存在する。

　さらに重視しなければならないのは、直接的には剰余価値を生まないとマルクスが考えていた労働の分野（知識労働、サービス、教育、医療等々の労働）に従事する人々の数が、現在では膨大なものになっていることである。古典的には労働者とはいえない市民を抜きにして現代資本主義は語れないし、昔のマルクスでは分らないほど資本主義のもとで人間は大きく変った。

以上のような状況のもとで未来社会の要になるのはなんであろうか。政治的には自由、民主主義、平等であることはいうまでもないが、「生活世界」からみればなにが要であろうか。

二、「自由で全面的に発達した人間」——労働時間の短縮こそ根本条件

まず階級的視野からみれば、資本主義の根本問題は搾取にあり、搾取を廃絶し平等な人間をつくることが根本である。私の考えではこうしてこそ市民性が開花する。その市民性からみれば、自由時間の拡大ではなかろうか。未来社会の人間はマルクスがいったように「自由で全面的に発展した人間」である。知的学習・文化・芸術・スポーツ・自然との交わりをとおし、自由で全面的に発展した人間が形成されることである。これを実際に保障するのは労働時間の短縮である。

いま日本人は本来であれば、どれだけ自由時間をもっているのだろうか。自由時間は搾取

率（正確には剰余価値率）をみるとわかる。日本の剰余価値率の推移をみると一九六〇年は七〇％、一九七〇年は一〇八％、一九八〇年は一六二％、一九八五年は一六九％である（泉弘志『剰余価値率の実証研究』法律文化社、1994年）。今日はメガコンペティション時代であり、資本は莫大な研究開発費を投入するために、剰余価値率が一一六・七％になっている。

しかしそれでも、一日八時間労働とすると、労働者の必要労働時間は三・六九時間である。あとの四・三一時間が本来なら自分の自由時間となる。しかしそれは資本家のためのただ働きに使われている。しかも日本は異例の長時間労働で有名であり、実際には八時間どころかかってない長時間労働を強いられ、人権と人間性が奪われている。賃上げ要求だけでなく労働時間の短縮要求は現代資本主義の時代的要求のはずである。これは雇用を拡大する「ワークシェアリング」方式としても重視されているが、労働者が人間として発展していくうえで欠かすことのできない事柄である。「もっと自由時間を！」という要求を社会的世論にすることが強く求められる。

マルクスは「真の自由の王国」をつくるには「労働日の短縮こそは根本条件である」と述べている（『資本論』第3b巻、全集第25b巻1051ページ）。八時間労働制を世界で初めて実現したのはロシア十月革命である。

搾取を廃絶し、剰余労働時間を自分のものにすることができるのは社会主義である。それは労働日を大きく短縮し、個々の人間の市民性を豊かに発展させる。人類史的課題ともいえるマルクス的未来社会を全面的に実現する以前にも、実現できる未来社会がある。これは初歩的なことであるが、いま、あまりにも忘れさられているのではないだろうか。

おわりに

多くのことを述べてきた。終わりにあたって述べることはあまりない。「はじめに」で相対主義のことを述べた。相対主義の反語は絶対主義である。相対主義と絶対主義を対置させれば議論は埒のあかないものになる。私は巨大な構想力をもったマルクスを相対化したくない。同時に絶対化、偶像化もしたくない。しかし明らかに今日の時代はマルクスが追求したように資本主義の後の社会を求めている。現在の資本主義の枠内での民主主義的改革をすすめながら、資本主義の次の社会の探究はいま始めなければならない大きな課題である。

私は絶対主義者ではないが「真理」には近づきたいと思っている。本書はそのための試論である。市民社会論からみた未来を言葉のうえではなくもっと掘り下げなければならないとも思っている。批判の対象にしていただければ幸いである。

補論　マルクス、レーニンとヘーゲル弁証法

本文で述べたレーニンについての補論として以下のことを述べておきたい。レーニンはマルクスに非常に忠実であった。同時にここで述べたいのは、レーニンがヘーゲルを学習しなかったらロシア革命は成功しなかったであろうということである。

レーニンは、百科辞典を出版するグラナート出版社から『カール・マルクス』を書いて欲しいという依頼を受けたことがきっかけとなり、ヘーゲル研究を始めた。しかしもう一つの動機があった。レーニンは一九一四年に始まった第一次世界大戦で、当時世界で最大のマルクス主義政党であったドイツ社会民主党が戦争に賛成したことに真に驚愕した。「もしこの党が絶対的に微力であって、この国のブルジョア的多数派の意志に一時したがわなければならなかったと仮定しても」、この党の指導部の行動を「正当なものと認めることは決してできない」（「ヨーロッパ戦争

における革命的社会民主主義派の任務」全集第21巻4ページ）と糾弾した。小さい党だから仕方がないでは絶対にすまされないという怒りである。

しかも実際にはこの党は当時、一〇〇万人の党員を擁する大政党であった。このドイツ社会民主党（及び第二インターナショナル）の変質と帝国主義戦争というこれまでになかった新たな状況のもとで、どういう革命的戦略を打ち立てるか。それを研究するのがレーニンのもう一つの動機であった。レーニンは『カール・マルクス』執筆後も一九一五年にかけてヘーゲルを集中的に研究している。クループスカヤは「彼の哲学研究の目的は、哲学を行動の具体的な指針にする方法を身につけることにあった」と『レーニンの思い出』で書いている。レーニンはヘーゲル哲学から多くのことを学び、ロシア革命の戦略・戦術にも変化が起こった。

一、ヘーゲル研究からレーニンはどう変わったか

レーニンの変化とその意味

一番大きな変化は弁証法的認識論の分野で起こった。レーニンは一九〇八年に書いた『唯物論

と経験批判論』では次のように述べている。

「かくして唯物論の理論、思考による対象の反映の理論は、ここではまったく明白に叙述されている。すなわち、われわれのそとに物が存在する。われわれの感覚と観念はそれらの物の映像である。これらの映像の検証、真の映像とにせの映像との区別は、実践によって与えられる」（全集第14巻124ページ。訳は変えてある）

人間の認識とは人間のそとに客観的に存在する世界の映像であるということである。ところが、ヘーゲルとくに彼の『論理学』を研究した『哲学ノート』では、かつて拙著『レーニンの再検証』（大月書店、2010年）でも指摘したように、次のように変わっている。

「別言すれば、人間の意識は客観的世界を反映するだけでなく、それを創造しもする」（『哲学ノート』、全集第38巻181ページ）

「すなわち、世界は人間を満足させず、そして人間は自己の行為によって世界を変えようと決心する、ということである」（同右182ページ）

『唯物論と経験批判論』は、物質そのものが存在しないという経験批判論を批判するために書いたものであり、その意義は認められなければならない。しかし『哲学ノート』で示した認識論が前者と大きく違っていることは明瞭である。

これは本文でも論じたが、哲学者たちは世界を「解釈」しただけで肝心なのは世界を「変える」ことであるという、マルクスのかの有名な「フォイエルバッハに関するテーゼ」と同じようにみえる。そのためか、『哲学ノート』の意義を説く人々でもあまりここを重視しない。しかしマルクスのこのテーゼを単独で取り上げるといわば「決意表明」のようなものになる。フォイエルバッハに関する第一テーゼと合わせてみて、初めてその意味が出てくるものである。

第一テーゼは「これまでのあらゆる唯物論の主要な欠陥は対象、現実、感性」が「観照の形式」でのみ捉えられ、「人間的な感性的活動、実践として、主体的に捉えられていないということである」（全集第3巻592ページ）というものである。「対象」、「現実」とはすでに作られている「世界」である。これをただ「眺め」（観照）ていただだけではなにも生まれてこないし、人間活動としては意味がない。唯物論とは「対象」を変えようとする人間の実践、人間の主体性から「対象」を捉えるものである。これがマルクスの考えであり、かの有名なテーゼになった。レーニンはそれを一つの定式で言い表した。その意味は大きいと思う。

愚鈍な唯物論より賢明な観念論

ところでヘーゲルの『論理学』は言われているような観念論の書ではない。彼の出発点は実在する自然と人間の歴史である。これを認めることを「直接的な自己関係」と呼ぶ。が、それにとどまらず、「存在」という「他者に反射して」(働きかけ・実践と読む)戻ってきた「自己関係」こそ、人間が「概観(存在)を確認する関係」であることを、繰り返し、繰り返し述べている。その間におこなわれる思考方法が弁証法である。したがって、レーニンは次の「警句」を残している。

「愚鈍な唯物論より賢明な観念論のほうが賢明な唯物論に近い」(前掲書245ページ)

「ヘーゲルのこの最も観念論的な著作(『論理学』のこと——引用者)のうちには、観念論が最も少なく、唯物論が最も多い。〝矛盾している〟。しかし事実だ!」(同右203ページ)

(『論理学』の最後の章は「絶対的理念」に当てられているが)「神についてほとんど一語も述べていない」。「弁証法的**方法**をその主要な対象としている」。(『論理学』の)「最後の言葉と核心が弁証法的方法であるということ——これは極めて注目すべきことである」(同右203ページ)

ヘーゲルの「絶対的理念」とは「神」のことだと思い込む場合が多い。しかしそうではない。『論理学』の最後の章には確かに「全く神的な概念の学」、「神的認識」という言葉だけが一回ずつでてくるが(『大論理学』384~385ページ、岩波書店)、神という言葉は一度もでてこないし、神についてなにも語られていない。レーニンのいうとおり最後は「弁証法的方法」で締めくくられている。

それでは「絶対的理念」とはなんなのであろうか。それは「自分自身を自由に解放すること」（同右584ページ）である。ここは『小論理学』の説明のほうが理解しやすい。「生命の終局は死であるが、理念の終局は死ではない。ではなにか」、それは必然から生まれる「絶対的自由」であり、人間はそこに辿りつこうと「決心するのである」（『小論理学』207ページ、大川書房）。「絶対的理念」は「学」（論理学）としては「完結」するが、それは「終局」ではなく新たな出発点なのである。われわれは「理念」から出発したが、「絶対的理念」はそこへもう一度「戻ってきた。この発端への戻りは同時にまた一つの前進でもある」（『小論理学』519ページ、岩波書店）。人間は絶対的真理を掴んだと思っても、それはあくまで相対的真理であり、また絶対的真理へむけて進んでいくという弁証法の要の一つを説いているわけである。

レーニンのテーゼの捉え方

ヘーゲル哲学は神秘性に覆われており、マルクスはヘーゲルを「頭」ではなく「足で立つ」ようにしなければならないといった。それをレーニンは百も承知しているが、このときはまずは学ぶべきは学ぶという精神でヘーゲルに接している。エンゲルスもヘーゲルの方法は「これまでのあらゆる世界観より一層、唯物論的な世界観の展開であった」と述べている（「カール・マルクス『経済学批判』」、全集第13巻475〜476ページ）。

弁証法そのものについてレーニンは、『論理学』の研究の途中でヘーゲルが展開した弁証法の諸要素を一六項目に整理してまとめている（前掲書190〜191ページ）。しかし、こうなるとそれぞれの要素が正しくとも、弁証法とはまさに学校生徒の「暗記もの」になる。レーニンは研究を終えた最後に、自分自身のまとめとして「弁証法の問題について」と題する短い論文を『哲学ノート』に書き、簡潔に弁証法とは「対立物の統一と闘争」であると規定した。そのうえで、次のように述べている。

「対立物の統一（合致、同一、均衡）は条件的、一時的、経過的、相対的である。互いに排除し合う対立物の闘争は、発展、運動が絶対的であるように、絶対的である」（同右327ページ）

そのほかにヘーゲルの一六項目のなかの「事物の多種多様な関係の全総体」、すなわち物事を「全面的」に捉えること、「事物のうちにある内的な矛盾」すなわち矛盾こそ発展、運動の原動力であることの重要性もレーニンは強調している。

以上すべてのことから、私はレーニンの「人間の意識は客観的世界を反映するだけでなく、それを創造しもする」というテーゼを次のように捉える。第一には、認識論的にいえば弁証法に基づき、現実世界を正確に認識すると同時に現実世界の「先を読む」ことを意味する。第二には、人間は実践によって実際に世界を変革するものであることを意味していると理解する。ヘーゲルがレーニンに与えた哲学上の変化は大きい。

それではレーニンの現実世界の認識と革命の戦略にそれがどう現れたか、以下、具体的にみてみよう。

二、時代認識の変化と戦争について

資本主義が変化することへの認識

なによりもまず言えることは、マルクス、エンゲルスの時代とは違った時代になったという時代認識の変化である。マルクスの時代とは違うのだという認識を持つことは大変なことである。ヘーゲルはすでに指摘したように、あらゆる事物はそのなかにある「矛盾」によって「自己運動」を起こすことを『論理学』のなかで次のように述べている。「矛盾はすべての活動性、すなわち生命的な自己運動と精神的な自己運動との根源である」（『大論理学』下巻373ページ　岩波書店）。

レーニンは資本主義もいつまでも同じ形態のままであるのではなく、時代を画するような変化を起こすものであると考えるようになった。彼は若いときに『ロシアにおける資本主義の発展』を書いた。これは封建的なロシアで資本主義が発展していっていることを詳細に分析したものである。いまヘーゲルを研究して得たことは、「資本主義自身」が発展し、ある新しい時代をつくるということである。

レーニンは、一九一四年八月にヨーロッパで始まった戦争を直ちに「帝国主義戦争」と規定したが、それを「時代」論として論じたことはなかった。レーニンがヘーゲル研究を終えて（完全に終えたかどうかは分からないが）、最初に書いた論文で「ヨーロッパ戦争は最大の歴史的危機と新時代のはじまりとを意味する」（「死んだ排外主義と生きている社会主義」全集第21巻90ページ）と初めて書いた。しかし、それは短い論文であり、本格的に「新時代」を論じたのは、その後すぐ書いた未完の論文「よその旗をかかげて」である。

時代認識と戦争に対する認識

第二インターの指導者たち（カウツキーやプレハーノフなど）は、交戦国のうち「どちらの側の勝利が望ましいか」、「わがほうの勝利が望ましい」、「常軌を逸した」罪過を犯した側が悪い等々の議論を行っていた。博学なカウツキーやプレハーノフは、戦争が起これぱマルクス、エンゲルスも交戦国のいずれかに味方したとして、その数々の例を挙げた。例えば、ナポレオン三世がどうしたときに、マルクス、エンゲルスはこうしたとか、ドイツがロシアとフランスとを同時に相手にして戦争する場合、ドイツを擁護するのがドイツ社会主義者の義務であるとエンゲルスが言明したとか等々である。レーニン自身も日露戦争（１９０４年～１９０５年）で日本が勝利したとき、この戦争は双方にとって「恥ずべき戦争」であるとしながらも、われわれは「ブルジョアジーの歴史的に進歩的な代表（日本のこと——引用者）と反動的な代表者（専制ロシアのこと——引用者）とを区別する義務をまぬがれはしない」（「旅順の陥落」全集第8巻38ページ）と述べていた。

これに対し、ヘーゲルを研究したレーニンは「よその旗をかかげて」で、かつての時代の戦争は封建的＝絶対主義的勢力と勃興し発展していくブルジョアジーとの戦争であり、今日の戦争の性格とは違うと主張した。

「仮に甲の国がアフリカの四分の三を、乙の国が四分の一を領有しているとしよう。これら両国の戦争の客観的内容は、アフリカの再分割である。どちらの側の勝利を望むべきであろうか？　こういう従来通りの問題の出し方は、ばかげている」（「よその旗をかかげて」全

集第21巻136ページ）

（帝国主義的金融資本があらわれたいま）「どちらの帝国主義ブルジョアジーにも加担しないで、『両方とも悪い』と言い、またそれぞれの国で帝国主義ブルジョアジーの敗北を望む場合にはじめて、（社会主義は）自分自身に忠実であり得るであろう」（同右136〜137ページ）

こうしてレーニンは今の時代は以前とは違い、「帝国主義の時代」、「帝国主義的激動の時代」に入ったという時代認識を示した（同右139ページ）。いまでこそ誰でもが、レーニンの時代は「自由主義的資本主義」時代とは違い、「帝国主義」時代であると言えるので長々した説明は不要であると思われるかもしれない。しかし、あの時代にマルクスの時代とは違う認識を示すこと自体、極めて大きな決断である。

同時に強調したいのは、経済分野の研究が先行し、それが積み上げられた結果、レーニンに「帝国主義」の概念が生まれ『帝国主義論』が書かれたのではないことである。これまで述べてきたように、ヘーゲル哲学の研究から、すなわち哲学が先行して生まれたものである。マルクスの『資本論』もそうであった。金融資本の研究で新たに貴重な実績をあげたヒルファーディングも、資本主義の新しい時代としては捉えなかった。レーニンの射程だけでは捉えられない現代を、どういう時代としてわれわれが規定づけるのか、そこでの変革の理論と戦術はどうあるべきかも、経済学だけから出てくるものではなく、哲学なくしてあり得ないと思う。

三、時代の変化と変革の主体の形成

レーニンは帝国主義時代を闘い抜く主体と、その形成の問題を重視した。「この時代の中心に立ち……その時代の発展の主要な方向」を規定づける「階級」はだれかと問うた。第二インターの指導者たちは、戦争は労働者・人民を「民族化」するとし、そのような役割を果たし得ないとした。それはある意味で当たっていた。レーニンも帝国主義諸国の労働者は植民地の収奪から入る余禄で「労働貴族化」し、「祖国擁護」の立場に立っているとしばしば述べている。彼は、これに対しては忍耐強い説明と説得以外ないとした。

そこでレーニンが発見したのは、植民地諸国の国民（ブルジョアジーを含めた）の民族解放運動である。ここで民族問題についての考えに変化が起こった。これをすべてヘーゲル研究の結果とは言わないが、変化したことは事実である。

レーニンは「帝国主義戦争の時代」を受け身で捉えるのではなく、新しい世界を「創造する」

視点から捉えている。論文「よその旗をかかげて」は、その大局的見地から時代を捉え、その時代を闘う中心的戦力を明確にした。

民族自決権での変化

ヘーゲル研究をする以前に、レーニンが民族自決権問題で書いた主要な論文は「民族自決権について」（1915年5月、全集第20巻）である。ここで民族自決権とはなにかを詳細に論じ、この問題での根本的態度を明らかにしているが、扱われているのはヨーロッパでの問題である。

しかし、帝国主義戦争が始まり、一年が過ぎる頃から、レーニンの目は大きく世界的視野に広がった。「民族自決権について」でも、ペルシャ、トルコ、中国など「東洋」に目を向ける必要があることは述べているが、それはローザ・ルクセンブルグが現代では民族問題は最早意味がないとした立場を批判するための例証として挙げたものである。そうではなく、「東洋」の問題を植民地問題として捉え、そこでの民族独立運動は巨大な意義を持つことを強調するようになった。

一九一五年七月に書いた『社会主義と戦争』は次のように述べている。

「一八七六年から一九一四年までに、六「大」国（イギリス、ロシア、フランス、ドイツ、日本、アメリカ合衆国——引用者）は、二五〇〇万平方キロメートル、つまりヨーロッパ全体の二倍半もの広さの土地をかすめとった！　この六つの強国は五億を超える（五億二三〇〇万人）植民地住民を奴隷にしている」（『社会主義と戦争』、全集第21巻３０８ページ）。「だから、社会主義者は、抑圧国（特に、いわゆる「大」国）の社会民主諸党が、被抑圧民族の自決権、しかも、まさに政治的な意味での自決権、すなわち政治的分離の権利を認め、主張することを、無条件に要求しなければならない」（同右３２４ページ）

こうして、大国すなわち「植民地を持つ国」の労働者は、被抑圧国すなわち植民地の民族と「完全に統一」して闘わなければならないとした。その二か月後に書いた論文「革命的プロレタリアートと民族自決権」では、大国の社会主義者が略奪の対象になっている「東洋、アジア、アフリカ」すなわち「インド、中国、ペルシャ、エジプト」に目を向けることは、社会主義者の「民族綱領の決定的な、主要な、基本的な」ことであるとしている（全集第21巻４２０ページ）。後にレーニンは、マルクスのスローガンとは違うがといささか遠慮がちに言いながら、「万国の労働者と被抑圧民族の団結万歳！」のスローガンを掲げた。

いまから見れば、レーニンは当たり前のことを言っているに過ぎないと思われるだろうが、当時だれもこのことを言わず、自国の勝利を願って「排外主義」に陥ったことを忘れてはならない。帝国主義戦争に反対し、民族独立をめざす戦いが、この時代のもう一つの変革の課題であると位置づけた意義は大きい。実際、中国、オスマン帝国内で民族独立の運動が発展しつつあった。

レーニンとユダヤ人問題

付け加えておかなければならないのは、今でもレーニンはユダヤ人の民族的自治を認めなかったという主張があることである。この問題は「民族自決権について」でレーニンが明快に論じている。当時、リトアニアやロシアに住むユダヤ人労働者の組織「ブント」が、「文化的民族的自治」だけを要求し、ロシア社会民主労働党と一体となって、ツァーリ専制政治打倒の闘いを行うことを拒否していた。彼らは「ユダヤ人学校」の設立と文化的自治を擁護することだけを要求した。レーニンはユダヤ人の学校設立などに反対したわけではない。ツァーリ専制政治のもとで、「文化的民族的自治」だけを提起したのでは大ロシア民族主義を助けるものとなり、ツァーリ専制打倒のための共同の闘争を損ねるものであると批判したのであった。また、これではユダヤ人の解放はあり得ないとしたものであった。

ついでだがローザ・ルクセンブルグは、政治的独立より経済的自立のほうが重要であるとする立場からポーランドのロシアからの独立に反対した。レーニンは、民族自決権というのはなによりも政治的独立のことであり、「国家」の形成に至るまでの分離の自由を承認することであるとした。ロシア帝国は大ロシア民族が四二％で、残りはみな被抑圧民族であった。レーニンはいまのウクライナも含め、すべての民族の自決権の承認という一点で各民族が団結してツァーリ専制打倒のために闘うことこそが、ロシアの民族的前進にとって重要であると考えた。だからこそ、「ブント」やローザの主張に反対したのであった。実際、十月革命が成功すると、その直後にレーニンはロシア帝国に従属していたすべての民族の民族自決権を実行に移した。外国の干渉戦争が始まると、各民族が団結して帝国主義と闘うために民族の「再結合」を主張し、連邦国家にするという構想を持つようになった。これはレーニンのロシアの民族問題についての「弁証法」である。

民主主義と社会主義の関係

「レーニンと民族問題」でもう一つ注目すべきは、レーニンが帝国主義時代には民族自決権を含む民主主義的課題の実現がなによりも重要であるとしている点である。

「社会主義（社会革命）は、一回の戦闘ではなく、それどころかブルジョアジーを収奪することによってはじめて完成される経済的および民主主義的改革のあらゆる問題のための多くの戦闘からなる一時代である。まさにこの終局目標のためにこそ、われわれは、われわれの民主主義的要求の一つ一つ（共和制、人民による官吏の選挙、男女の同権、民族自決権、等々のこと――引用者）

のために、一貫した革命的定式を与えなければならないのである（「革命的プロレタリアートと民族自決権」同右421ページ）

「資本主義の最高の段階」としての「帝国主義」に対して、なぜ直接的に社会主義を対置せず、民主主義を対置するのであろうか。「プロレタリアートがもし、最も徹底した、そして革命的で断固とした民主主義の精神（傍線は筆者）で教育され、それを準備しなければ、ブルジョアジーに勝てない」からである（同右421～422ページ。訳は変えてある）。

これは極めて重要な指摘である。レーニンは民主主義的課題の実現と社会主義の間に「万里の長城」を置いていなかったが、徹底した民主主義が社会主義をつくるという相互関係を強調したのであった。この民主主義思想は社会主義が勝利した場合でも同じであった。これは非常に重要な点であり、少々長くなるが引用する。

「社会主義は、経済にその基礎を置きながらも、決して、そっくり経済に帰着させられるものではない。民族的抑圧を排除するためには、土台——社会主義的生産——が必要であるが、しかし、この土台の上で、さらに民主主義的な国家組織、民主主義的軍隊、そのほかが必要である。資本主義を社会主義につくり変えることによって、プロレタリアートは、民族的抑圧を完全に排除する可能性をつくり出す。この可能性は、住民の「共感」に応じた国家境界の決定までも含めて、分離の完全な自由までも含めて、あらゆる分野で民主主義を完全に実行する場合に「のみ」——「のみ」だ！——現実性に転化するであろう」（「自決にかんする討論の総括」全集第22巻378ページ）

しばしばマルクス主義はすべてを経済に帰着させる「経済還元主義」だと言われる。レーニンのいま引用した考えは、これに具体的に答えていないだろうか。レーニンが社会主義の土台ができても、民主主義（上部構造）がなければ、現実にはなんにも生まれないと指摘したことは、土台と上部構造の関係を前者から後者への一方通行ではなく統一的に捉えることの必要性を示している。これは明らかに現代的意義を持つものである。

十月革命後、レーニン自身が述べていたとおりにすべてのことが進まなかったのも事実である。しかし彼はその思想をいつももっており、一九二二年に「戦闘的唯物論の意義について」を書き、ヘーゲルを広く普及する必要性があるとし、当時発行されていた雑誌『マルクス主義の旗のもとに』の「編集者や寄稿者のグループは一種の『ヘーゲル弁証法の唯物論的同好会』とならなければならない」（全集第33巻234ページ）とさえ述べていたことを補論の最後に指摘しておく。

聴濤弘（きくなみ・ひろし）

1935年生まれ。京都大学経済学部中退、1960-64年に旧ソ連留学。日本共産党国際部長、政策委員長を歴任。元参議院議員。著書に、『ロシア十月革命とは何だったのか』（2017年10月、本の泉社）、『マルクスならいまの世界をどう論じるか』（2016年1月、かもがわ出版）、『マルクス主義と福祉国家』（2012年4月）、『レーニンの再検証：変革者としての真実』（2010年8月）、『カール・マルクスの弁明：社会主義の新しい可能性のために』（2009年5月、以上は大月書店）、『ソ連はどういう社会だったのか』（1997年8月）、訳書にレーニン著『帝国主義論』（1999年12月）、『国家と革命・国家について』（1985年6月、以上は新日本出版社）など。

200歳のマルクスなら
どう新しく共産主義を論じるか

2018年9月20日　第1刷発行

発行者　竹村正治
発行所　株式会社　かもがわ出版
〒602-8119　京都市上京区堀川通出水西入
TEL 075-432-2868 FAX 075-432-2869
振替　01010-5-12436
ホームページ　http://www.kamogawa.co.jp
印刷所　シナノ書籍印刷株式会社

ISBN978-4-7803-0983-6　C0030